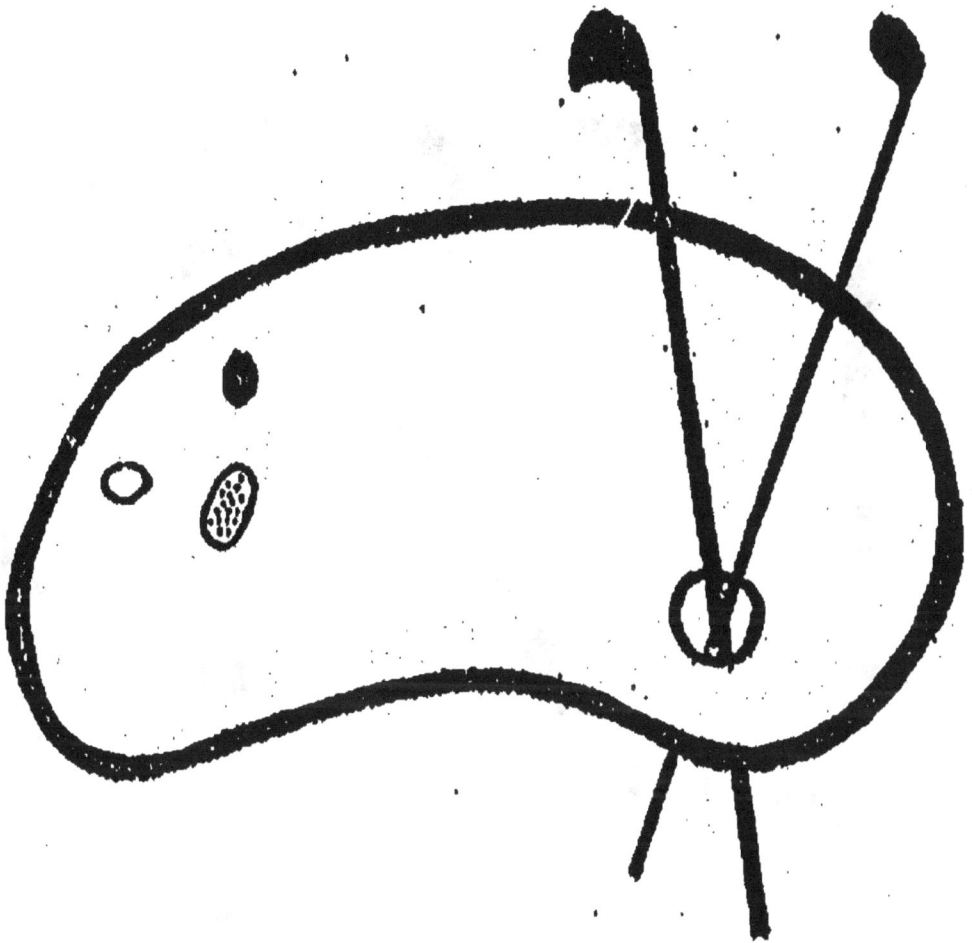

ORIGINAL EN COULEUR
N° Z 43-120-8

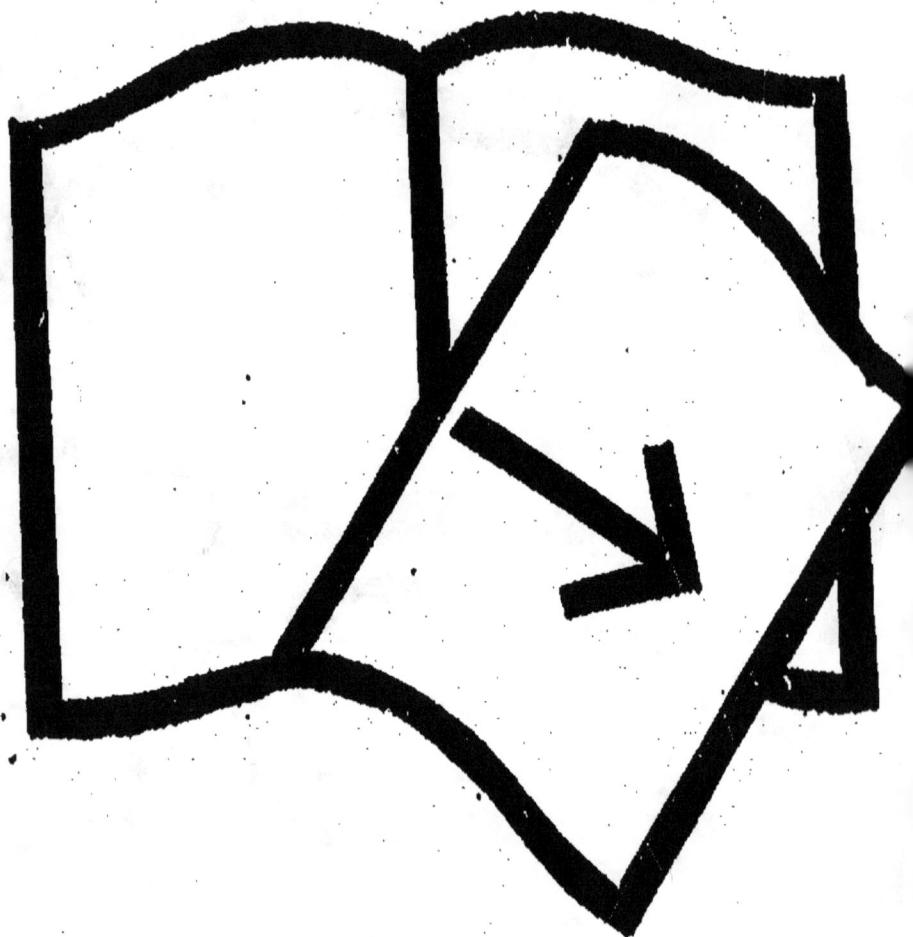

Couverture inférieure manquante

PETITES ÉTUDES PSYCHOLOGIQUES

NOTES

SUR

NOS JEUNES GENS

PAR

Calixte RACHET

PARIS

AUGUSTE GHIO, ÉDITEUR

PALAIS-ROYAL, 1, 3, 5, 7, GALERIE D'ORLÉANS

1887

NOTES

sur

NOS JEUNES GENS

ÉTUDES PSYCHOLOGIQUES

DU MÊME AUTEUR

Le Mécanisme de l'Entendement. ESSAI DE PSYCHOLOGIE ÉVOLUTIONNISTE.

Essai de Grammaire psychologique.

Un Poète d'Alexandrie, ETUDE CRITIQUE ET TRADUCTION. (Pour paraître prochainement.)

PETITES ÉTUDES PSYCHOLOGIQUES

NOTES

SUR

NOS JEUNES GENS

PAR

CALIXTE RACHET

PARIS

AUGUSTE GHIO, ÉDITEUR

GALERIE D'ORLÉANS, 1, 3, 5, 7, PALAIS-ROYAL

—

1887

LE CERCUEILLISTE

LE CERCUEILLISTE

« Sachez que moi, Villebrequin.
le menuisier, c'est moi qui joue
ce lion; car si j'étais un lion et
si je venais en fureur dans ce
lieu, ce serait une chose vraiment lamentable.

(SHAKESPEARE.)

Je ne sais quelle gaîté d'entrepreneur de
pompes funèbres a secoué ces derniers temps
nos Prud'hommes de Nice à Châteaulin. Le
bruit avait couru qu'un mauvais mal, une
méchante fièvre sceptique, prenait notre jeunesse et qu'on n'allait point tarder à la mettre en
terre ; eh bien, le mauvais mal avait l'air de
rapporter quelque chose à M. Prud'homme,
il riait que c'était plaisir, on eût dit d'un cro-
quemort en belle humeur. Pensez donc, des
jeunes gens tristes !

Cependant, le brave cœur regretta bientôt
sa gaîté passagère, comprenant obscurément

avoir donné dans un piège. Il s'entêta, comme
de juste, chercha des raisons aux jeunes gens
pour être tristes et finit par y croire. —
Avait-il donc ri d'un malheur? — Homme de
ressource, il sut tout concilier : rire d'un œil et
pleurer de l'autre ne l'effraie point. Chacun
s'échauffait à son feu, si bien qu'à présent, le
gros public reste persuadé que la jeunesse
est triste, et cette tristesse lui semble très ridicule, quelles que soient, d'ailleurs, ses causes.

La source des vilains bruits? Un petit
cénacle poétique, ébloui par une antithèse facile,
avait caché sa verve et son entrain sous un
crêpe mortuaire. Rien de plus.

Il n'en faut pas moins combattre les préjugés
existants. Je vais donc essayer de dire la
simple, l'évidente vérité : que la jeunesse n'est
point du tout désespérée. La tâche est ingrate,
mais en la remplissant j'espère caractériser ce
type curieux : le *Cercueilliste*, et je ne lui
ferai point de tort : sa farce est jouée.

**

Appartenant aujourd'hui à des devoirs pro-
fessionnels très divers, l'ancien élève de Brard
a fourni des raisons assez variées du scepticisme de la jeunesse. Universitaire, il affec-

tionne les raisons philosophiques; journaliste,
les raisons de politique intérieure et exté-
rieure; marchand d'épices, il parle des peines
de la vie, de l'absence de grands courants et de
quelques petites choses encore. A la bonne
heure.

— D'abord les raisons philosophiques.

L'idée de la mort, dites-vous, est aujourd'hui
plus que jamais l'obsession terrible; le vide
métaphysique démasqué par la science laisse
l'homme supérieur sans défense devant
l'épouvantement du néant et le jette dans les
plus noires spéculations. — Voilà qui vous
change M. Prud'homme! c'est ma foi paradoxal;
mais il y a des paradoxes qui sont des lieux-
communs perdant pied. Parce qu'aujourd'hui la
philosophie explique tout dans le cercle de la
constatation, le mécanisme intellectuel comme le
mécanisme universel, s'en suivrait-il d'aventure
qu'elle ne pût concilier un spiritualisme conso-
lateur applicable à la métaphysique, à un maté-
rialisme nécessaire applicable au relatif (1)? Non

(1) N'est-il pas possible en un mot de supposer une vie future
tout en admettant la matérialité de la substance pensante, d'ima-
giner une sorte de *substitution*, la création d'un équivalent spiri-
tuel au moment de la mort comme les spiritualistes proprement
dits l'imaginent au moment de la naissance? Et d'être janséniste
en admettant la nécessité de nos actes? Il y aurait lieu à quelques compromis; mais aucun n'est impraticable.

certes, or elle ne le fait point (1). D'où je tire cette rassurante conclusion que l'on pense moins à la mort, que l'on craint moins la mort aujourd'hui qu'autrefois (2). C'est qu'en effet, la mort n'est pas du tout le « musagète » de la philosophie ; l'esprit philosophique est un besoin inhérent à la conscience, une sorte d'orgasme de l'entendement indépendant de toute application particulière.

Je m'étonne moins de votre attendrissement à voir l'homme, être pensant, aux prises avec l'homme passionnel : c'est assez dans vos habitudes, ces attendrissements-là. Mais malgré tout, à parler franc, vous ne ferez accroire à personne que la proximité de la chair proprement dite et de cette chair pensante, qu'on nomme esprit, soit capable de faire pleurer qui que ce soit et particulièrement nos jeunes gens.

Supposons que je n'aie point de rêves, métaphysiques et pas plus de passion qu'un philo-

(1) Nous oublions volontairement les tentatives de consolation philosophique, d'ailleurs purement matérialistes, faites ces derniers temps en Angleterre et en Allemagne : elles ne sont pas assez consolantes. Non plus d'ailleurs que la magistrale étude de M. Guyau.

(2) En outre, la crainte de la mort, cause de scepticisme, ne s'adresserait pas particulièrement aux jeunes gens, mais à tous les hommes intelligents. La même remarque sera vraie pour la plupart des raisons données par M. Prud'homme.

sophe en bois officiel, échapperai-je au scepticisme ? — Non point, me répondez-vous si vous
avez l'esprit assez élevé pour vous inquiéter
tant soit peu de théories philosophiques très
solidement bâties : de par « la relativité de
la connaissance » et « l'identité des contradictoires », il faut douter de tout et s'enfoncer,
s'enfoncer jusqu'à la mort dans un gouffre
d'ombre, certain seulement de n'être certain de
rien ; les cepticisme est inévitable désormais; si
vous échappez aux autres causes, vous n'échap-
perez pas à celle-là. — « La relativité de la
connaissance » est une pensée de feuilletoniste ;
une nouvelle serait sa vraie place. Aux yeux
des gens raisonnables, c'est un rêve, une sup-
position, *l'Homme sans certitude* après (ou
plutôt avant) *l'Homme sans souffle.* « L'identité
des contradictoires » est, par rapport au sujet
qui s'objective, ce que « la relativité de la
connaissance » est à l'objet. Quant à moi, je
n'ai jamais songé que je pourrais bien n'avoir
point de souffle après avoir lu la nouvelle
américaine et je ne crains pas plus pour ma
certitude après avoir lu les nébuleuses élucu-
brations de Kant et de Hégel. Il me suffit de
regretter qu'il vienne parfois des idées litté-
raires ou poétiques à des philosophes et que,

par malheur, ils croient que tout ce qui leur sort du cerveau est de la philosophie.

— Les raisons politiques maintenant.

La banqueroute qu'a faite la République à tant d'espérances est selon vous très propre à développer l'esprit négatif. Nous n'avons pas un homme, les jeunes gens ne savent à qui se prendre, qui acclamer, d'où une cause de scepticisme. — Ainsi, M. X..., personnage politique, prononçant un discours quelque peu mou dans un banquet du Finistère, immédiatement les jeunes gens s'écrieraient : ne nous parlez plus de la vie ! nous nous désintéressons de l'action ! à quoi bon vivre ? Il y a malheureusement à notre époque beaucoup de jeunes gens considérant à tort les questions politiques comme subalternes ; du moins, ils ne prétendent pas trancher ces mêmes questions et n'ont jamais plus espéré en la République que désespéré d'elle.

Mais la blessure laissée par les malheurs de 1870 ; c'est faire injure à nos jeunes gens que douter si cette blessure existe et quoi de plus propre à les mettre au point où ils en sont ? — L'effet est facile. M. Prud'homme a toujours grandement goûté la littérature des clubs. Moi, j'aurais dit que c'est leur faire injure de les croire sceptiques, c'est-à-dire abattus ; la phrase aurait été aussi mauvaise; mais beaucoup plus vraie. A ne les pas croire abattus, j'augure qu'il n'y a point chez eux expropriation des sentiments les meilleurs pour cause de poncivité. Et combien j'ai raison! Voyez ce jeune homme, le sergent Bobillot; chez lui, le patriotisme ne se traduisait guère par des renoncements, n'est-ce pas?

Les causes sociales à présent.

La vie n'est point bonne, dites-vous. — Non vraiment. La vie de tous les jours, la vie dans la rue, au cercle et autour de la lampe n'est pas très bonne. Est-elle cependant plus mauvaise qu'autrefois et pourquoi faudrait-il que la jeunesse du XVIIIe lustre du XIXe siècle fût la première à s'en apercevoir? Deuils et trahisons, abandons d'amis que l'on croyait sincères, ne sont ni plus ni moins fréquents qu'hier et sans doute qu'ils ne le seront demain.

Enfin, nous sommes au déclin d'un siècle. — Alors la vie des hommes est une manière de gâteau des rois dont chaque tranche est un siècle et les dernières bouchées de chaque tranche ne sont que miettes?

Non, il n'y a pas de raisons pour que la jeunesse soit triste; au reste, on n'est guère chez nous capable d'être triste. (Cela n'est pas un éloge, un hommage à l'esprit gaulois, soyez-en sûr.)

Mais, dites-vous encore, il n'y a pas de grands courants. — Il y en a cent. Un seul les résume tous, étant la résultante de tous ; quelques jeunes gens l'ont suivi avec les autres, mais d'une manière plus criarde. Ce courant, c'est le besoin de faire centre, le besoin de domination ; ces jeunes gens, ce sont les littérateurs dont le type est le « cercueilliste ».

Cercueilliste veut dire amoureux de son cercueil en particulier et de tous les cercueils en général ; un amour de ce genre-là vous monte au cœur par suite d'une manière spéciale d'envisager les choses : le scepticisme. Maintenant, quand il s'agit de cas isolés, le scepticisme peut avoir des raisons sans nombre ; on est sceptique parce que la vie vous a meurtri, comme notre grand Baudelaire ; on est sceptique par tempérament, parce qu'on a le doute dans le sang, c'est le désespérant « que sais-je » de Montaigne ; on l'est encore par paresse, par avant-goût de néant, dans l'attente du nirvana, c'est le scepticisme des philosophes indiens ; on est sceptique par besoin de faire la roue, comme ce parfait polisson galantin de Schopenhauer ; et il est encore autant de raisons pour ennuyer les gens avec des airs grognons, qu'il y a de méthodes pour faire proprement un nœud de cravate.

Le cercueilliste affiche le scepticisme ; il n'est

pas plus motivé chez lui que chez un autre. Nous l'avons dit, ces faux plis intellectuels viennent aussi bien d'un calcul que d'une conviction ; on peut broyer du noir sur son papier et avoir du bleu dans la tête et du rose au cœur, des illusions et de la jeunesse. C'est, à dire vrai, une simple question de fait, il suffirait d'aller écouter cinq minutes, au « Chat Noir » ou dans quelques autres cafés portant des noms d'animaux, pour se convaincre de la vérité ; mais ces cercles de moribonds sont trop gais. — Le besoin de s'imposer, le mal de cette fin de siècle, l'a pris dès l'enfance. Il lui a d'abord donné, par une sorte d'hérédité de l'expérience, une stupéfiante précocité. Au bon temps d'autrefois la jeune âme d'un futur littérateur s'ouvrait à la vie intellectuelle et morale d'une façon très douce : c'était le sentimentalisme des seize ans, la petite histoire des premières amours, puis on lisait Sandeau et, sur les vingt ans, Honoré de Balzac. C'est aujourd'hui tout autre chose. Le jeune homme sent son âme s'ouvrir. La belle haine contre Boileau l'a pris sur les 11 ans, il est naturique à 16, et à 17 prêt à couper la queue de son chien, à embrasser un système promettant de rapporter vite de la gloire en pièces blanches ou en gros sous. Les

débuts en littérature sont singulièrement ins-
tructifs et caractérisent bien l'époque où nous
vivons. On fait ses premières armes en colla-
borant à des feuilles parisiennes qui s'impri-
ment dans des quartiers excentriques, on
y déverse son trop plein avec toute l'ardeur de sa jeunesse ; seulement ce n'est
point là la fortune. Le désir ou le besoin
d'offrir une surface commerciale vous conduit ou vous réduit très vite à mille petits
expédients dont nos pères n'avaient point
idée ; par exemple à écrire pour des admi-
nistrations interlopes qui fournissent des
prônes tout faits à de certains curés, des
discours, des toasts, des à-propos à de gros
bonnets de province, à des conseillers généraux,
des maires de petites villes, des députés, des
présidents de sociétés savantes, des maîtres de
pension, des professeurs de rhétorique, gens
incapables et prétentieux. Ou même, on retourne
un roman de Sandeau, de Feuillet, d'Ohnet,
pour des romanciers amateurs qui préfèrent tout
payer dans l'édition de l'œuvre qu'ils signent ;
frais d'impression, frais d'édition et..... frais
de façon. Cela rapporte et cela instruit surtout ;
c'est fort ennuyeux ; en revanche c'est utile. On
remplace ses rêves ensoleillés et ses envolées
lyriques par des phrases comme celles-ci : « mes

chers concitoyens, l'honneur que vous 'm'avez fait... » ou bien « mes frères, Saint-Paul, dans ses lettres aux Thessaloniciens... » ; ou bien encore « par une belle matinée de printemps » ; mais on apprend la vie en comprenant ses dessous et l'on commence à voir par quel bout on y entrera.

Elle apparaît à notre jeune homme sous l'aspect d'un problème de hautes mathématiques. Il l'envisage froidement. La littérature où il est entré n'entend plus sa conscience comme autrefois. Au xviie siècle, un écrivain qui se respectait avait à côté d'un but artistique un but de moralisation plus ou moins déterminé. Si la morale n'était pas l'objet d'une œuvre, du moins son auteur se proposait de servir le roi et, le roi incarnant l'État, c'était travailler au bien public; M. P. Bourde le rappelait naguère, justement à propos de la littérature des jeunes. L'esthétique moderne, en établissant que l'art indépendamment du sujet de l'œuvre artistique est un élément moralisateur, donne des bases scientifiques à la doctrine de l'art pour l'art. Donc sous ce prétexte spécieux (1) que l'art purifie, notre jeune homme ne redoutera rien et osera tout. Il veut prendre l'opi-

(1) Spécieux dans le cas présent parce que les œuvres du cer œuvres d'art. cueilliste ne sont pas tou ours des œuvres d'art.

2.

:nion d'assaut ; quelle sera sa première attitude ?
Il la faut bien tranchée, de couleur voyante. Le
poitrinaire a été exploité à fond, le rôle d'ange
en exil ne va pas avec nos mœurs, on ne se
laisse prendre qu'à des choses plus posi-
tives que des ailes. Décidément le scepticisme
est encore le plus avantageux. Il est possible
que M. Prud'homme ait un accès de fou rire
en voyant des jeunes gens tristes ; mais
nous sommes à une époque où il vaut mieux
être insulté que de passer sous silence.

Deux passions sont logées dans notre tête,
la prédominance de l'une ou de l'autre divise
notre société en deux parties. La première
comprend ceux dont l'âme est enflammée d'une
immense charité ; l'autre, ceux qui s'aiment avant
tout. Ceux-ci s'appellent légion, ceux-là sont
plus rares que l'oiseau phénix lui-même. La
vanité est la saveur de l'égoïsme — notre besoin
de satisfaction vaniteuse est à proportion de
notre égoïsme (car la vanité est faite de l'abais-
sement, de l'admiration ou de l'étonnement que
les autres éprouvent devant nous). Eh bien !
la vanité est la « raison suffisante » du scepticisme de notre jeune homme comme les leçons
de Pangloss étaient la raison suffisante de
l'optimisme de Candide. Si ce n'est pas ici de

là « délicatesse d'orgueil », comme dit Bossuet, c'est du moins de la « recherche de vanité ».

Être vaniteux constitue toute une science ; peu de gens savent l'être, de même que peu de gens savent porter un habit. Les uns prétendent que le grand art est de voiler sa flamme, de brûler en dedans. D'autres, souvent parce qu'ils trouvent un terrain préparé, mettent toutes voiles dehors et ne sacrifient à rien, pas même à la sociabilité : c'est le cas du cercueilliste.

En 1830 on pouvait s'étonner que les jeunes hommes imitassent l'aspect extérieur d'une maladie physique par attitude littéraire ; le faire maintenant parce qu'un jeune homme se pare d'une maladie spirituelle nous messiérait fort. Lorsqu'on est poète, jeune, désireux d'arriver, de faire du bruit, et que le bourgeoisisme des temps vous empêche d'aller, rêveur par les trottoirs, avec la pile de vos œuvres sous le bras droit, une lyre dorée sous le bras gauche, que voulez-vous qu'on fasse, si l'on ne crie dans un livre : « Mais regardez donc ! Je suis un désespéré, ne le voyez-vous pas ? C'est épouvantable, la nuit qui règne en mon âme est affreuse ; vous savez bien que je suis au-dessus de vous en raison directe de la haine que je professe pour ce que vous chérissez : la vie ! — On est jeune, quoi !

D'ailleurs d'ingénieux critiques ne se sont-ils pas demandé ce qui fait les originaux? N'ont-ils pas conclu que l'originalité véritable est le résultat d'une maladie psychique, d'un développement exagéré de certaines facultés, que les académiques avaient seuls la tête tout à fait saine? Et le cercueilliste, grand partisan des théories modernes, n'a-t-il pas dû comprendre que faire sur son papier profession d'esprit négatif (cette maladie de la volonté), c'était presque se donner droit à un brevet d'homme de génie?

C'était aussi une manière d'être frondeur, ce qui séduit toujours beaucoup la jeunesse; cela répondait à je ne sais quel ennui de s'entendre appeler « jeune enthousiaste », refrain consacré rappelant le sempiternel « jeunes élèves ». Et puis encore il y avait là, tout près, des exemples si bons, si encourageants! Les tristes parmi les romantiques de 1830 et de 1860, et de l'autre côté du Rhin la fortune extraordinaire de Schopenhauer. Les romantiques mirent un moment leur incomparable puissance lyrique au service d'une sorte de pessimisme conventionnel. Reportez-vous au temps où les littérateurs écrivaient *Albertus* et *la Comédie de la mort ;* rappelez-vous toutes ces visions fantastiques renouvelées du moyen âge où s'agitent confusément dans des clairs de lune sinistres : gnomes étranges, dragons aux formes ridicules et hideuses, damnés sortis de l'enfer dantesque et, planant sur le tout, le spectre de la mort aux ailes d'oiseau funèbre. Baudelaire synthétisa magistralement toutes ces tendances. L'admiration dont le public continue à gratifier le chef du pessimisme de 1860, sans comprendre toutefois son puissant génie, porta naturellement notre cercueilliste à l'imiter et l'engagea plus avant dans son attitude sceptique. En même temps se répandait la renommée de Schopenhauer ; le comprendre, l'aimer, proclamer la transcendance de son génie, devint à la mode — nouvel encouragement. Ajoutez aussi l'influence d'artistes à nature spéciale, surtout celle de notre poète épique Emile Zola et de l'étonnant Karl Huÿsmans.

Il devait y en avoir une autre ; mais très différente. Bien naïfs sont ceux qui regardent la mort ou la maladie comme les seules raisons qui nous mettent à la bouche le rictus amer des goutteux et des rhumatisants ! — Il y a aussi les jolies femmes. Dorante disait à son valet :

Oh ! le beau compliment à charmer une dame
De lui dire d'abord : « J'apporte à vos beautés
Un cœur nouveau venu des universités.

Si vous avez besoin de lois et de rubriques
Je sais le Code entier avec les authentiques... »
Qu'un homme à paragraphe est un joli galant !
On s'introduit bien mieux à titre de vaillant.

Eh bien ! cela est très vieux, cela est très usé et du plus mal porté : le pantalon rouge a tué le capitan. Dire que l'on méprise infiniment tout en général et souverainement chaque chose en particulier, voilà qui est séduisant et d'un cœur amoureux. On n'a même pas besoin d'excepter de son mépris celle à qui l'on s'adresse, elle s'en charge : il y a là des sous-entendus délicats. A de certaines époques les femmes trouvent que la chose du monde qui aille le mieux à un mâle, c'est le galon doré ; à d'autres, elles tiennent pour le *sarcasme-na-vrance*, pour le *dandysme du détraquement*. Voyez la très vivante et très moderne « Andrée » de M. Duruy, elle ne demande pas un homme vierge, mais un homme qui sache la vie et en soit un peu revenu. Elle s'arrête à mi-chemin ; certaines le veulent tout à fait blasé, — du moins en apparence. C'est le boule-vardier, l'homme à bonnes fortunes qui a habitué les jolies femmes à ce beau ma-nège, cet imbécile s'étant bâclé un scep-ticisme d'occasion avec l'écœurement de sa satiété,

Appelé au scepticisme, le cercueilliste a
voulu connaître ses prédécesseurs dans le
noir. Il a lu les grands sceptiques et chacun
d'eux peut revendiquer une petite part de son
éducation, depuis le très vieux et très sublime
Job.

Voilà les sources de l'esprit qui anime la
littérature d'un petit cercle de jeunes, le cercueillisme, autrement nommé byzantinisme, décadence.

Du cercueillisme je ne parlerai point avec
détail; rien n'est plus banal ; on l'imaginera
comme il est en se reportant à ses causes mul-
tiples. Notre jeune homme dit : « J'ai placé mon
souhait dans rien », il affecte le calme des
sphinx égyptiens aux belles attitudes qui regardent impassiblement les vagues du sable
envahissant monter toujours, toujours sur leurs
longs bras..., il se laisse avoir lieu, laisse
faire le *FATUM;* il fait le suicidé phraseur ou
le décapité parlant; il affecte l'alanguissement
que donne la fumée du haschich, de l'opium et
de l'ambre gris et profite de l'occasion pour
prendre des poses de sopha pleines de
cette nonchalance qui est le scepticisme du
corps ; — vous vous en doutiez. Il est de mauvaise humeur, ainsi que vous et moi, les jours
où il pleut et où il suinte de l'ennui ; il touche à

ces choses vagues que nous avons au dedans de nous assoupies et que nous n'aimons pas à sentir remuer, ses poëmes ont parfois un air de vieilles complaintes lugubres; il vous met l'âme en deuil, se plaisant à parler des fièvres que l'on grelotte sous les draps pauvres; il compose des mélopées symboliquement ignobles où saignent des plaies dégoûtantes ; il aime à marcher sur la blanche neige pour l'ineffable plaisir de la voir se transformer en boue ; sous prétexte d'atavisme, il a des élans de sauvagerie coupant le recueillement de son désespoir, des besoins de remettre en vigueur les mœurs de l'homme préhistorique ; il est sceptique en morale ; — vous vous en doutiez. Il affecte l'écœurement que l'on professe carreau dans l'œil, pieds à la hauteur du carreau, à l'américaine, sur la table de la cheminée, cigare aux dents, alors qu'il est deux heures du matin et que l'on retrouve dans son fonds un vieux reste de vague énergie que l'on utilise en parlant mal des hommes et des choses ; il a aussi le dandysme du monsieur qui, dans un salon, s'accoude, prend une pose élégante, pérore un instant, tire sa montre et donne à l'Éternel cinq minutes pour le foudroyer ; — vous vous en doutiez. Le pays qu'il évoque en ses rêves c'est:

Une oasis d'horreur dans un désert d'ennui.

Un grand jardin où les arbres sont vert-cadavre, où la vie ne figure qu'afin de montrer sa vanité. Sur le sol pousse un gazon dur. Des squelettes « très vais m'en aller » y éparpillent leurs os. L'air n'est secoué que par les mornes ailes du sphinx atropos, le papillon de la mort ; — vous vous en doutiez.

A présent, il serait assez inutile, je crois, de déplorer qu'il n'apprécie pas le système des compensations du père Azaïs et la morale en action, aussi ne le ferai-je point. Son scepticisme n'est pas doré au feu ! L'eau claire suffira pour laver ses rides au fusain, et les voilà déjà qui s'effacent ; le cercueilliste sait fort bien que l'on peut encore avoir du talent sans se croire obligé de délayer son encre avec ses larmes et de sécher ses mots avec de la râclure de crâne humain, je l'ai dit en commençant ; sa farce est jouée. Nous allons le voir tout à l'heure trouver la vie drôle, curieuse, pareille à un drame-opéra-bouffe très réel. Et il ne faut pas se récrier particulièrement sur sa morale sceptique, il y a des cantharides en taffetas gommé comparables aux truffes en drap des charcutiers. D'ailleurs en

tout ceci son jeu est assez innocent; on est
déshabitué depuis longtemps de la littérature
tonique !

LE QUINTESSENT

LE QUINTESSENT

« Ce n'est pas chose aisée que
ce style méprisé des pédants,
car il exprime des idées
neuves avec des formes nouvelles et des mots qu'on n'a
pas entendus encore. »

(Th. Gautier).

I.

Entre le cercueilliste et le *Quintessent* on
est prié de ne pas confondre. Des critiques
ont pu employer les mots « cercueilliste »,
« décadent », à tort et à travers ; quoi qu'il en
soit, le fanfaron de l'originalité n'a rien de commun avec le délicat chercheur que nous nom
merons quintessent (1). D'autres l'appellent
« symboliste » et nous eussions fait comme eux

(1) Lui-même a pu prendre le nom de décadent pour profiter de
la publicité que le mot avait reçue ; il a eu tort, voilà tout.

3.

si M. Stéphane Mallarmé, sur les traces de qui notre poète s'essaie à marcher, n'avait bien voulu nous montrer que le terme « quintessent » est préférable (2). Toutefois, — nous croyons devoir l'ajouter, — M. Mallarmé nous a dit que selon lui le mot devait servir uniquement d'épithète à la critique, ne pouvant être un drapeau : en effet, il n'est guère possible de s'intituler « ultra-délicat ».

***

— Le frottement de la vie moderne pulvérise peut-être, chez l'artiste, les grandes activités ; mais, en les broyant, il fait des tempéraments étrangement souples, prodigieusement impressionnables, éminemment propres à percevoir et à sentir les impressions les plus rapides et les plus subtiles. L'artiste d'aujourd'hui, quand sa préoccupation dominante n'est pas de captiver l'attention des foules, se concentre dans sa propre étude et son unique religion devient celle de son « moi ». Ce « moi » a toujours fait l'artiste et le penseur, (les impersonnels devraient bien se taire) ; seulement ils n'en avaient que peu, ou point conscience ;

(2) Malgré l'irrégularité de sa formation;

Pascal et Gautier sont deux illustres exemples
de la haine du « moi » et n'existent cependant
que par lui. Aujourd'hui, la sensibilité qui est
plus des trois-quarts du « moi », étant arrivée à
une surexcitation presque maladive, l'artiste sent
sa personnalité de même qu'on sent un membre
malade, et elle se renforce encore de toute l'attention qu'il y porte. Il n'offre, cependant, ni plus
ni moins de surface à la douleur ou au plaisir; il
en offre d'autant plus au plaisir et à la douleur,
l'équilibre reste le même; il ne résulte de là
qu'un redoublement dans la finesse sensation
nelle. L'artiste devient plus habile à percevoir les
nuances, non pas ces nuances qui relèvent de
la finesse d'analyse, de l'esprit critique comme
le badinage de M. Pailleron ; mais les nuances
du domaine de la pure sensation.

Je m'imagine avoir entendu monologuer
ainsi notre quintessent, — qui, venant le
dernier, est peut-être le plus sensibilisé parmi
nos artistes contemporains :

— « Les déclamations qui furent poétiques,
à ce que l'on assure, au temps où les
femmes portaient des anglaises et les
hommes des habits à boutons d'or » nous
paraissent de fort tristes friperies. Écouterait-
on de sang froid un poème intitulé *l'Ame* ou
bien *à Mon Père ?* Nous mettons ces poésies

à côté de « mon rocher de Saint-Malo ». Un peu d'enthousiasme, pas mal de raison et assez de talent pour tourner ce que les vieillards appellent « de beaux vers » sont un bagage parfaitement insuffisant à notre époque. Aux alentours de 1830, on pleurait d'attendrissement, on s'embrassait dans un salon délicat, quand un jeune homme avait déclamé quelques dou- zaines de vers exprimant des « idées élevées », maintenant, on lui ferait entendre poliment qu'il est insupportable. Eh oui ! nous sommes fatigués des déclamations sur les plus beaux sentiments du monde, parce qu'on nous en a trop donné. Les sentiments élevés sont toujours les sentiments élevés ; mais ils sont passés de l'état de choses belles et utiles à celui de choses utiles et respectables. Est-ce que l'on est abso- lument obligé d'admirer ce qu'on honore ? Franchement les romantiques se font vieux. Lorsqu'on ne peut pas être d'un cénacle parce qu'il n'existe plus, il faut tâcher de ne pas faire quand même antichambre. Les prendre encore pour modèle, eux ou bien les parnassiens, qui sans toucher à leur idéal, ont perfectionné leur style, ce serait imiter ces écrivains (?) qui, n'ayant que beaucoup d'érudition et un grand stock de patience, empruntent la pompe à Bossuet, la concision à La Bruyère, la profondeur à Pascal, la passion à Rousseau...

« Il faut maintenant que vous ayez senti quelque chose qui ne traîne point dans les livres pour qu'aux yeux du délicat vous fassiez œuvre d'artiste, quelque chose qui ne soit plus la redondance ou la sentimentalité du romantique. Nous voulons *du nouveau*, nous voulons du nouveau ainsi que les jeunes peintres dans *André del Sarte*, du nouveau, à tout prix du nouveau. « *Ad superum ! sursum corda !* » crient comme des sourds les maîtres d'écriture, —nous répondons : sans doute *sursum corda !* mais point de la manière dont vous l'entendez : la voûte étoilée de l'idéal n'est pas un plafond de manège, on ne monte point à l'échelle de Jacob selon les principes des maîtres de mouvement. On ne vibre pas au commandement ; montons, si vous tenez à la figure, au ciel de l'art ; mais à notre façon.

« Le beau, l'esthétique : imaginations ! Chimères, les Guides Conti du Parnasse ! Connaît-on les conditions de l'art ?

> Les mauvais estomacs ont dit sobriété,
> Les myopes ont dit : soyez ternes ; la clique
> Des précepteurs geignant d'un air mélancolique
> A décrété : le beau, c'est un mur droit et nu (1).

1) Victor Hugo.

« Derrière toutes vos raisons nous ne voyons qu'une chose : la chair. — Un vilain mot ? — Tant pis. La chair qui a besoin de sentir et qui le veut, malgré les fleurs et les rubans en papier à l'aide desquels les eunuques de la littérature la voudraient faire prendre pour quelque chose d'infiniment désintéressé des biens de la terre. Et nous voulons réaliser ses désirs psychiques les plus déliés, connaître ses fêtes à elle, et nous voulons prendre le monde, hommes et choses, comme un immense canevas dont nous ferons un treillis de perles et de pierres précieuses en y jetant nos sensations vécues.

« Exprimer un sentiment tout d'une pièce et bien connu ne nous suffit pas, l'homme ne nous importe qu'au point de vue de ses sensations; mais de ses sensations rares, inexplorées, profondes ou subtiles. Poe a écrit dans ses *Marginalia* : « Il y a une classe de fantaisies d'une délicatesse exquise qui ne sont pas des pensées. J'emploie le mot fantaisies au hasard, simplement parce que je dois me servir d'une désignation quelconque. Mais le sens que l'on attache communément à ce terme ne s'applique pas, même avec une exactitude moyenne, aux ombres d'ombres que je veux dire. Elles se lèvent dans l'âme..... à ce point du temps où les

confins du monde éveillé se mêlent à ceux du
rêve..... Ces fantaisies versent une extase
voluptueuse aussi lointaine des plus volup-
tueuses dans le monde de l'éveil ou des songes,
que le ciel dans la théologie des Northmans
était distant de leur enfer..... Dans ces impressions psychiques, il n'y a rien qui rappelle les
impressions ordinaires. C'est comme si mes
cinq sens étaient remplacés par cinq myriades
de sens sublimés. Or, ma confiance dans le
pouvoir des mots est si entière que quelquefois
j'ai cru possible de donner un corps à ces fantaisies éphémères. » Et Baudelaire, dans ses
Curiosités esthétiques : « Qui ne connaît
ces dispositions d'esprit..... où les sens plus
attentifs perçoivent des sensations plus reten-
tissantes, où le ciel d'un azur plus transparent
s'enfonce comme un abîme plus infini, où les
sons tintent musicalement, où les couleurs
parlent, où les parfums racontent des mondes
d'idées. » Eh bien, ces sensations fugitives ou
profondes, effet d'une cérébration presque inconsciente, nous voulons les traduire ; eussions-
nous mille sens, nous dirions avec Micro-
mégas : « Il nous reste je ne sais quel désir
vague..... » Il y a, disait Humboldt, une sorte
d'atmosphère, un air particulier qui enveloppe

nos filets nerveux, c'est dans cette atmosphère que nos poésies germent et s'agitent.

« Arrière-petits-fils de Poe, petits-fils de Baudelaire, pour ce qui est de leur tempérament de chercheurs de sensations, ceux que nous proclamons nos chefs parmi les artistes contemporains, ce sont ces subtils poètes qui les ont continués : Stéphane Mallarmé et Paul Verlaine ; nous serons avec eux ainsi que d'autres sont avec Manet, Cazin et Quost, et d'autres encore avec Wagner et Berlioz ; tous d'ailleurs nous sommes de la même famille. »

Et le public assiste avec étonnement à la création d'une littérature originale, étrange. Les délicats écoutent de petits poèmes remplis de jolies choses, s'envolant en plein azur, reflétant, comme les bulles avec lesquelles les enfants s'amusent, tout un monde en raccourci et le montrant coloré de tous les tons du prisme, infiniment douces et mélodieuses poussières de couleurs estompées. Ou bien des poèmes d'une étrange impression, aux effets d'intensité contenue de ce que les peintres appellent le clair-obscur. Petits poèmes où l'auteur *s'objective* dans les choses : *quintessences*, synthèses, où la phrase devient parfum, forme et couleur.

Je ne veux point transcrire ici de vers, il faudrait faire des personnalités, ce qui n'entre pas dans mes vues. J'essaierai seulement de donner une idée approchée des poésies quintessentes.

Il ne s'agit point du développement d'un thème une fois posé ; il s'agit du développement d'une sensation une fois posée. Cette sensation, le poète vous la donne en vous fournissant la pensée que sa sensation génératrice lui a suggérée, il ne vous fournit pas la notion de l'objet qui lui a donné une sensation ; car la sienne ne vient qu'en dernier terme d'un enchaînement psychologique qui l'empêche de remonter à la source et, d'ailleurs, il ne suffit pas de décrire un objet pour transmettre la sensation qu'il a fait éprouver. Au rebours des autres poètes, il vous montre l'objet, la pensée de l'objet que sa sensation lui a suggérée. Cette pensée en devient le *symbole* (1). Elle se transforme chez vous en sensations de lumière, de tact, d'odorat...; en effet, si la nature a opéré matériellement une division entre les appareils des sens et les localisations cérébrales auxquelles ils correspondent (centres perceptifs et sensationnels), cette division ne se révèle pas

(1) C'est une façon particulière d'entendre la synthèse, le symbole étant forcément ici l'équivalent d'une synthèse.

4

directement à l'être pensant quand ses sens fonctionnent. En un mot, toutes ses sensations lui paraissent mêlées, pour ainsi dire entrelacées et l'on peut faire revenir des sensations de toutes natures à l'aide d'une série de sons savamment combinés.

Le gros public (et par là j'entends les gens capables de sentir seulement ce qui râpe le tympan et crève les yeux, érudits et ignorants) le gros public, dis-je, nous assure que la simplicité est un grand point. Il a lu cela dans les manuels du parfait poète à l'usage des lycéens et des gens du monde. J'aime, dit-il, à marcher sur un terrain bien connu, solide, à savoir où je vais ; les poésies de votre jeune homme sont des songes creux ; elles sont changeantes et déroutent l'esprit pareilles aux étoffes orientales…—Scott, en son *Éloquence presbytérienne*, raconte la fable du rossignol et du coucou : l'un et l'autre avaient pris l'âne pour juge. Après qu'ils eurent chanté, celui-ci prononça : sans doute, dit-il, le rossignol a la voix admirable ; mais pour une bonne chanson bien naturelle donnez-moi le coucou. N'est-ce pas cet excellent public préférant la platitude d'un Mʳ….., aux délicates créations de notre jeune homme ? Certes la simplicité est une fort belle chose, mais il faudrait s'entendre. Le naturel en art

ne consiste pas à imiter le coucou, à dire
ce que tout le monde peut dire ; il consiste à
dire ce qui, tout en étant original, paraît naturel
au lecteur digne de ce nom. Dans ce sens, le
quintessent est naturel, non artificiel, il voit
tout — et c'est par là qu'il vaut — sous un
éclairage spécial ; cependant ses demi-teintes ne
sont pas des imaginations, ses effets intenses
existent dans la nature, tous les tempéraments
délicats les connaissent, confusément c'est possible ; mais notre poète ne fait que les mieux
voir et les exprimer. Innombrables sont les gens
qui les ignorent, je ne vois à cela rien de très
étonnant ; cependant faut-il m'en tenir à ce que
me disent mes sens qui constatent, ou bien
redresser toutes mes sensations à l'aide de
raisonnements artificiels, sous prétexte que
M. X... ne sent pas comme moi, ayant le
crâne plus épais ? Le rationnel, le vraiment
bon, je trouve que c'est ceci, je ne connais
point d'homme théorique.

Nous allons au mièvre, dites-vous, à la *déliquescence*. Pas tant que vous croyez ; quand
bien même, le mièvre existe, et il ne faut
pas le dédaigner ; le sourire de Mme de Lam-
balle n'était point si détestable et les éventails du sieur Watteau me séduisent assez,
bien qu'ils ne soient point faits pour les forge-

rons. Il y a un mauvais mièvre qui est de la pure
« déliquescence » ; celui-là, il faut le fuir autant
que la peste ; c'est le mièvre des romans où de
jeunes hommes, « follement amoureux de ravis-
santes jeunes filles », se jettent « à la tête des chevaux fougueux » qui les emportent, au moment
précis où chevaux et jeunes filles allaient
être broyés sur « de noirs rochers » — romans des-
tinés à distraire les jeunes personnes de leurs
travaux en perles et de leur peinture sur por-
celaine.

Parce que certains génies ont produit des
chefs-d'œuvre au XVIIme siècle en se renfermant dans tel ordre d'idées, s'ensuit-il qu'en-
trer dans cet ordre d'idées soit la condition du
génie ou du talent et le seul signe de valeur
qu'un artiste puisse donner ? Il me semble
que nous revisons des procès bien des fois
jugés :

Est-ce une loi pour tous qu'un siècle dans l'histoire ?
Parce que trois pédants m'ont farci la mémoire
De je ne sais quels vers, à contre cœur appris,
N'est-il pour moi qu'un siècle et pour moi qu'un pays ?
Eh ! s'il est glorieux qu'il dorme dans sa gloire
Ce siècle de malheur ; c'est du mien que je suis !

Ce serait, en effet, un siècle de malheur
comme l'a dit le Musset des bons jours, et
comme on l'a tant répété, s'il entravait en quoi

que ce soit cette évolution nécessaire des choses de l'esprit. Ah ! certes, j'aime les vrais classiques autant que personne ! mais on a trop confondu les esprits maigres qui les donnent pour d'éternels modèles avec de sobres génies, et leurs décrets avec les lois naturelles. Les faiseurs de recueils qui mettent Corneille, Molière, La Fontaine à côté des régisseurs du Parnasse, me font songer à ces colporteurs italiens qui placent la Vénus de Milo et la Diane antique sur la même planchette que les petits canards en plâtre vert et les lapins jaunes aux irrésistibles taches rouges.

4.

II.

... Il messiérait fort de se montrer avare
Pour payer l'art subtil de tels bons ouvriers.

(TH. DE BANVILLE.)

En toute innocence d'âme je trouve que le
style du quintessent ne va pas sans quelques
extravagances destinées à faire retourner le
bourgeois, bien plutôt qu'à contenter l'artiste ;
mais que c'est peu de chose en regard des
bonnes envies satisfaites! Nous nous dispen-
serons de les relever; car nous n'avons pas à
discuter ici ; on n'y a point pris garde, un
même anathème les enveloppe avec les bons
efforts. Nous ne parlerons pas non plus de
quelques défauts insignifiants. En thèse géné-
rale, une œuvre d'art doit être jugée avec un
certain recul et en tenant compte de l'auteur.
Les petites imperfections, inconséquences ou
partis pris malheureux, qui déparent une œuvre

méritoire sont des quantités infiniment négligeables : une orange vue à deux mètres vous
donne l'idée d'une boule d'or parfaitement
ronde et polie ; la prenez-vous à la main, la
voilà toute déparée par sa peau grenue, par ses
trous qui semblent être autant de stigmates.
Pourquoi la prendre ?

Débarrassons-nous d'abord de ce qui regarde
la versification.

Le poète quintessent écrit peu en prose ;
quand il le fait, il emploie une prose rythmée
d'une manière facultative qui devient une branche du style poétique. Le reste du temps il écrit
dans cette langue dont on a dit :

. . . . Elle a cela pour elle
. . . .
Qu'elle nous vient de Dieu, qu'elle est limpide et belle,
Que le monde l'entend et ne la parle pas.

Cependant tout le monde fait des vers. Rien
n'est plus facile que d'en faire de supportables :
il suffit d'étudier les règles, cela préserve
des cacophonies révoltantes : étant absolues, elles suppriment tout raisonnement. Mais
il est arrivé de là que, chacun écrivant proprement en vers, on risque fort, en s'enfermant
dans les règles, de faire des vers comme tout le
monde ; car si, d'une part, elles empêchent

d'être insupportable, les règles ne laissent que peu de ressources au poète, et ces ressources se trouvent aujourd'hui radicalement épuisées. Elles deviennent une entrave pour les voyants, étant faites pour les aveugles : il est des cas où les violer serait utile et même nécessaire — non pas parce qu'elles sont d'une application difficile, bon Dieu! mais parce qu'elles nous refusent des effets spéciaux ; notre poète l'a fort bien compris, or il porte peu de respect aux vieilles choses et il n'a point eu de scrupule avec la *versification*.

Ah ! la patine du temps, quel vernis déifiant sur les niaiseries! De braves gens lui reprochent sa hardiesse ! Pourquoi, cependant, les diphtongues n'auraient-elles pas dés quantités de position? Et quel est le petit gratte-papier imberbe qui ne comprendrait pas l'absurdité de ne point oser dire en vers: « ah! folle que tu es », « ça et là », « les joies du temps passé » ?

Notre jeune poète est très habile versificateur bien qu'il ne suive les règles qu'à moitié. Il a le don du rythme, nul ne sait mieux que lui faire « se becqueter » les mots à la rime; et nul ne connaît mieux la fanfare et le recueillement de la *Rime*.

Dans des œuvres aussi subtiles que celles du quintessent, le procédé de traduction prend une importance inusitée, et en révéler la délicatesse serait révéler tous les moyens dont dispose le poète; mais c'est l'étude psychologique la moins praticable. Ceux qui s'en servent ne le connaissent pas bien eux-mêmes, l'instinct seul les conduit; ils l'utilisent ainsi que certains ouvriers leur métier sans trop savoir quel est son mécanisme. Cependant il est peut-être possible d'en donner un aperçu. Nous l'essaierons.

Quand un homme sait sa langue, c'est-à-dire la grammaire et les 20 ou 25 manières de bâtir la phrase que nous tournons si consciencieusement en tous sens; qu'il sait éviter les répétitions assommantes et les croassements de son, on dit bravement qu'il sait écrire. Il n'a plus qu'à chercher des idées présentables, que la raison ne réprouve point et il passe écrivain juré: une telle science fait sourire de pitié notre quintessent. Nous allons analyser des subtilités psychologiques qui tournent sur des pointes d'aiguille et voir tout l'édifice de la rhétorique suspendu à un fil de la Vierge.

Établissons que le style prétendu déliquescent répond strictement aux sensations qu'il doit transmettre. C'est une grosse erreur que de croire au procédé compliqué à plaisir. Le style ordinaire serait incapable de s'adapter à d'aussi fugitives sensations ; la pierre est fouillée dans les monuments en dentelle.

Nous l'avons dit, il faut que le poète exprime une idée qui nous donne une sensation, qui en soit le *symbole;* car une sensation subtile et *déterminée* n'est pas directement traduisible. L'idée n'existera pas pour elle-même ; mais il faut qu'elle existe.

Considérons les mots au point de vue de leur existence individuelle. Le procédé de traduction ordinaire est basé sur l'appel régulier des perceptions. Obéissant à des lois plus ou moins conventionnelles, nous nous sommes habitués à rattacher certains sons à la perception d'un objet, d'un état de choses ou d'un état de l'âme; quand ce son est reproduit, il rappelle en nous la notion à laquelle il correspond. Voilà pour le mot parlé. On a adapté des expressions graphiques données par la permutation des 25 lettres de l'alphabet à tous les sons qui constituent le langage parlé, et les nouvelles perceptions de vision rappellent en nous les sons qui rappellent les notions. Voilà pour le mot écrit. Les mots, écrits ou parlés, expriment des choses plus ou moins complexes. Le

quintessent affectionne les plus riches, les
plus suggestifs, surtout l'adverbe d'un emploi si
facilement fréquent. Il cherche les juxtaposi-
tions qui grandissent l'effet : l'épithète faisant
pléonasme ; l'allitération; les adjectifs qui,
joints à de certains substantifs, en font des locu-
tions d'une prodigieuse souplesse, d'une ténuité
inouïe. Les tropes lui ont des faveurs dont il
faut être jaloux. Au besoin il combine des sons
et en fait des mots nouveaux sans craindre
le néologisme. Il résulte de là une grande
intensité de ton, des choses ont l'air de *surgir*
dans son style et s'imposent à l'esprit presque
tyranniquement. C'est par cette recherche
d'expression qu'il a mérité le qualificatif « *suggestif* » que l'on oppose à tort au mot
« *expressif* »; car il n'y a entre eux qu'une
différence de quantité : il faut suggérer, c'est-
à-dire rappeler des perceptions pour exprimer.
Au reste tous ces efforts ne sont point inédits,
bien des poètes ont cherché le suggestif.

La phrase ordinaire est composée d'une suite
de sons ou de signes appelant une suite de perceptions qui correspondent à des choses se
trouvant ou pouvant se trouver rapprochées
naturellement. A d'assez rares intervalles
notre poète emploie ce procédé; mais il en a

d'autres ; — recueillons-nous, nous allons pénétrer l'arcane mystérieux !

Il a recours à trois moyens principaux et entièrement différents, ce sont :

1° La musique,

2° L'éveil indirect des perceptions,

3° La concordance.

— Dans cette strophe d'un romantique :

Le cœur d'un homme vierge est un vase profond,
Et si la première eau qu'on y verse est impure
La mer y passerait sans laver la souillure,
Car l'abîme est immense et la tache est au fond.

Deux choses nous donnent l'enthousiasme du beau ; une pensée forte qui nous cause une sensation intellectuelle, et un balancement musical qui nous cause une impression purement sensuelle. Personne avant M. Mallarmé ne s'est demandé s'il est possible de transformer cette impression sensuelle en sensation intellectuelle et de la faire coopérer à l'expression de la pensée. On savait bien qu'il existe un rapport entre certaines harmonies et certaines idées ; mais on s'en tenait ainsi que les auteurs de romances à accélérer le mouvement dans les passages gais et à l'alourdir afin d'exprimer les idées nobles. On connaissait

« cette harmonie qui ajoute aux beautés par une sorte d'analogie entre les idées et les sons et fait que la phrase est douce ou sonore, majestueuse ou légère suivant les objets qu'elle doit peindre et les sentiments qu'elle doit réveiller » (1). Le poète quintessent a suivi son chef et, prenant comme base, non pas une grossière harmonie imitative, vulgaire photographie des choses ; mais un système de notation analogue à celui de la musique proprement dite (2), a ma foi obtenu des effets rares et exprimé l'inexprimable. Il fait de la musique pour être lue. Cette musique devient à la pensée ce que la couleur est au dessin dans un tableau : le moyen de traduction le plus fertile en rencontres heureuses.

Notre langue française peut fort bien souffrir une notation semblable, qui n'est pas en opposition avec son génie. Et je vous promets qu'en prêtant son charme à des rêves légers, elle ne perdra pas la clarté indispensable au style des philosophes, des huissiers et des notaires !

L'appel indirect des perceptions est une

---

(1) Condorcet.

(2) Il est impossible d'établir des lois dans ce système de notation. Il faudrait pour cela une langue unique et dont les termes soraient restés purs de tout alliage. La nôtre n'est pas la seule et Dieu sait à travers quels hasards les langues sont devenues ce qu'elles sont !

méthode employée déjà ; mais très discrètement, par un grand nombre de poètes. Elle consiste à tirer parti des rapports.

Supposons un mot dont une syllabe serait très apparente ; quand cette syllabe sera reproduite dans un autre mot, si ce mot a encore un rapport avec le premier, il y a beaucoup de chance pour qu'il rappelle toutes les notions que suggère le premier, après celles que lui-même suggère. Ainsi, notre poète trouve dans « renoncule » toute la douceur attiédie des soirs d'automne, parce que la terminaison « cule » rappelle la notion de « crépuscule ». Mais, dites-vous, pourquoi pas celle d' « Hercule » ? — J'ai fait remarquer qu'il fallait un deuxième rapport, et apparemment « crépuscule » .... Je l'avoue humblement, ce procédé me semble peu *sûr;* cependant il y a des rapports très délicats : de durée de son, d'alternance de syllabes,..... que sais-je ? Je compare ce moyen d'expression indirect aux vibrations que l'on entend dans le timbre d'une pendule qui marche quand il n'est pas bien serré par sa vis ; je crois qu'en l'employant on profite du flottant des âmes tant soit peu maladives. C'est plus fort que le *circuitus verborum;* mais je conviens que c'est moins naturel.

La généralisation de l'image ne constitue pas uniquement le système des concordances. L'image ordinaire n'est que la transposition dans l'expression, elle sert à exprimer un objet bien connu. Le symbole, tel que l'emploie le poète quintessent, est la peinture d'un objet intraduisible par tout autre moyen. Comme ce que le poète veut traduire est un symbole, son image devient le symbole d'un symbole : pour arriver à son but, qui est d'exprimer, il ne recule devant rien. On ne pourrait guère, sans doute, représenter en peinture véritable ce qu'il nous peint en poésie ; cependant, je n'augure pas que ses images sont impropres ou ridicules, parce qu'il est impossible de le faire. Certains symboles sont excellents en littérature et déplorables partout ailleurs ; si je souris en lisant ce vers de Voltaire :

Mahomet marche en maître et l'olive à la main

ce n'est pas parce que ce symbole serait abominablement grotesque en peinture, mais parce qu'il l'est déjà en poésie.

Le quintessent se sert de tous ces procédés et ne vous demande, lecteur, que de lui en enseigner d'autres, si vous en connaissez.

Cet emploi simultané déroute un peu l'esprit, la clarté n'est pas la qualité maîtresse de son style. « Lorsqu'on joue avec les mots, on doit s'attendre à les voir s'émanciper » (1). (Je me place nécessairement au point de vue de l'initié lui-même; quant au profane, c'est pour lui lettre close.) Je ne m'associe pas, toutefois, aux lourdes plaisanteries dont un prétendu « gros bon sens » l'a assailli (2). Les gens en possession de ce bon sens sont ceux qui trouvent un ouvrage excellent quand les règles y sont appliquées : ils ne comptent point. Le bourgeois, effaré à la lecture des poèmes quintessents comme un poursuivi de ballade allemande, a trop voulu voir en eux Minerve faisant vis-à-vis à Robert Macaire et Vénus à Polichinelle, au Moulin de la Galette; et encore des effets réussis comparables à un calembour dans un poème épique. Les *Incohérents* sont en grande partie cause de cela, le philistin aime à comparer les choses entre elles quand il dresse son catalogue, et il n'a pas manqué d'identifier les jeunes poètes aux jeunes peintres.

Le quintessent a conscience de son obscu-

(1) Shakespeare (*La Douzième Nuit*).
(2) Il n'y a pas ici d'allusion aux *Déliquescences* d'Adoré Floupette. C'est une excellente caricature qu'un ami peut faire du système d'un ami tout en respectant ses convictions d'artiste.

rité *sibylline*. Ce poète s'il en fut : Stéphane
Mallarmé, a sur l'obscurité poétique une théorie très ingénieuse qui mériterait une étude
particulière. Son disciple en est fanatique. Un
obstacle se présentait à la traduction de certaines sensations ; on pouvait objecter que tous
nous ne sommes point de même nature, que
nous n'avons pas les mêmes antécédents
psychologiques, qu'en un mot, il ne suffit pas
de noter une sensation pour que les autres
la ressentent. M. Mallarmé est d'avis que le lecteur aura la complète joie de l'art s'il est obligé de
refaire l'œuvre de l'artiste. N'est-ce point juste?
Ne préférez-vous pas souvent une pochade
d'artiste, confuse, obscure, mais dont on saisit
cependant la donnée, au tableau lui-même? On
s'objective en elle, on la rend plus intime à soi
par une sorte d'interprétation, on la colore de
sa propre personnalité.

Les œuvres du quintessent ressemblent
à des pochades qui seraient cependant des ta-
bleaux finis, elles me rappellent les éventails
du Japon. Vous y voyez, dans une tonalité infiniment agréable à l'œil, disposés avec un
apparent mépris de la vraisemblance et
de la perspective, des maisons, des touffes
d'herbe, des montagnes, la lune, de belles
Japonaises, des fleuves la mer, des barques,

des poissons sur des pelouses et par dessus
tout cela, jeté ainsi qu'un voile, un semis de
grosses fleurs plus grosses que les femmes.
Puis, quand vous entrez dans la composition,
tout prend son rang, s'ordonne. . . . . .

Très éloigné de l'Art, — avec un grand A, —
pour le Peuple, — avec un grand P, — le quintessent est le diamant jaune de l'écrin poétique. Sa Muse c'est la toute divine reine Mab
à la tête grosse comme une perle, comme la goutte
de rosée que va boire Iris. Dans les poésies
qu'elle inspire, nous avons trouvé cette chose
précieuse entre toutes, si chère aux âmes d'élite,
devant laquelle tout pâlit, érudition et même
vraie science : un élément artistique.

Certes, l'école dite quintessente, école de
délicats, n'est point destinée à faire table
rase; mais à se développer parallèlement aux
autres, ni plus haut, ni plus bas : à côté. Elle
déteindra, elle déteint actuellement sur la littérature; si peu toutefois! Vous me trouve-
rez sans doute bien bon d'ajouter que l'on
aimera toujours les classiques et les romantiques devenus classiques, c'est-à-dire les
Racine, les Hugo, les Banville et ceux qui
essaient de faire du Banville, n'en déplaise
à notre poète.

LE BACHELIER

LE BACHELIER

« Tout ce que je raconte, je
l'ai vu, et si j'ai pu me tromper
en le voyant, bien certainement
je ne vous trompe point en vous
le disant. »
(Lettre à Stendhal.)

LA FÉRULE

Nous allons encore parler de prud'homisme.
Il tient tant de place dans la psychologie humaine! C'est du bon sens mal dirigé, maniaque. Le
bon sens a malheureusement une tendance trop
évidente à se manifester sous cette forme; en
effet, le prudhomisme est simplement le résultat d'une orgueilleuse confiance inspirée par
les pensées toutes faites d'une paresse empha-
tique du sens commun, et nous tous à qui cette
faculté « est la chose la mieux partagée » (1),

(1) Descartes.

nous naissons amoureux des lieux communs
au même titre qu'amoureux des bons fauteuils
et des excellents sophas. Le prud'homisme est
de l'esprit réglé de même qu'un bras cassé est
toujours un bras; mais nous n'avons pas le
goût de nous casser les bras tandis que nous
avons la rage de nous atrophier l'esprit.

On a défini la marche une chute constamment retardée, je définirai le bon sens, un
prud'homisme sans cesse remis au lendemain :
c'est affaire à l'éducation de donner aux gens
assez de courage pour qu'ils remettent chaque
jour ce séduisant créancier.

Supposons un bon petit mouton docile dont
le cerveau serait une éponge capable de s'imbi-
ber de tout ce que l'on voudra, qu'en fait-on
dans notre société?

A cinq ans, après des larmes, on le met
en pension. Il a le prix de sagesse et celui
d'application s'il est fils de M. X, gros bonnet,
et rien du tout s'il est fils de M. Z, minuscule
bonnet.

A huit ans, un ami sérieux de la famille
conseille au père de le confier aux soins de
l'Université; il donne cette grosse entreprise
de débarbouillage comme la meilleure, celle où
les employés sont le plus polis avec les dames
et le plus estimables quant à la pureté de leurs

mœurs. On ne peut mieux vraiment. Le père se rend à l'évidence, s'empresse de planter là le distributeur de prix de ·sagesse et met son enfant sous l'aile de cette agence protectrice et dûment patentée.

Il y reste douze ans. Pendant lesquels il attrape quelques pneumonies et quelques mignonnes bronchites. On arrête cela.

L'ami sérieux de la famille vante l'institution du baccalauréat, cet examen est selon lui le *digne* et *nécessaire* couronnement de *bonnes études*. Le père se rend de nouveau à l'évidence. Le petit homme passe ses examens et rentre *au sein* de sa famille afin de bien se tâter avant *d'embrasser* une carrière.

Le père se promène alors délicieusement dans cette intelligence où tout a poussé avec ordre et mesure. La mère en fait autant. L'Université a exécuté son travail en conscience ; voilà ce qu'on appelle du « dégrossissement » !

Voyons aussi.

Notre mouton a fait connaissance avec LA FÉRULE. La Férule dont je veux parler n'est pas « une palette en cuir ou en bois, au bout plat, épais et arrondi, quelquefois hérissé de pointes », c'est un instrument

beaucoup plus redoutable. Le lieu où on
l'utilise est affreusement lugubre. Il n'y a
point là de casuistes, on ne chicane pas sur
la peine, car il n'est pas besoin d'avoir péché
pour être puni, on se voit irrémissiblement
appliquer la férule, la terrible férule, de par
les canons du grand saint qui l'a importée chez
nous. Le lieu de la gêne est un collège, les
suppliciés sont de petits enfants, la férule c'est
l'esprit universitaire. On la manie au nom d'un
certain NICOLAS BOILEAU.

Triomphant du temps et des sarcasmes romantiques, Boileau est partout : dans la bouche
du professeur qui a fait de lui sa substance,
son sang, sa chair, ses os ; il réside jusque
dans les bancs vernis par les culottes et dans
les pâtés des manuscrits scolaires. On devrait
le représenter au-dessus de la porte de chaque
établissement, couvert de palmes académiques
et prenant d'un geste noble une jeune âme
sous sa protection. Son influence n'est pas
restreinte à la littérature ; il a la haute main
sur toutes les branches des études. Il est pour
l'Université une manière de mont Vou-vaï
(l'œuf théogonique et cosmogonique de la Chine).
« Ce qui prouve le mérite de l'*Art poétique*,
a dit Voltaire, chez les gens de goût, c'est
qu'on sait ses vers par cœur, et ce qui doit

plaire aux philosophes c'est qu'il a presque
toujours raison. » Vous savez les vers de Boileau par cœur, or, quels vers apprend-on le
plus facilement? — Les vers qui revêtent d'une
forme rythmique, auxiliaire de la mémoire, ce
que l'on sait déjà, c'est-à-dire ce qui tombe sous
le sens. Ensuite, Boileau a presque toujours
raison. Quand a-t-on presque toujours raison?
— Lorsque l'on débite des lieux communs. En
effet, c'est là le haut mérite du législateur du
Parnasse. J'ai malheureusement usé ma haine
contre cet homme vertueux; mais laissez
moi dire qu'en de fort détestables vers il a
donné une suite d'aphorismes s'élevant à la hauteur du lieu commun. Ces aphorismes sont la
plupart du temps fort justes. Seulement ils ont
ce tort de ne servir absolument à rien, ou plutôt d'être extrêmement nuisibles. Assurément,
un monsieur qui ne trouverait pas dans un coin
de sa tête des idées pareilles à celle-ci :

> Voulez-vous longtemps plaire et ne jamais lasser ?
> Faites choix d'un sujet propre à m'intéresser.

Devrait se résigner à repasser des couteaux
toute sa vie, encore n'aurais-je point confiance
en lui et ne lui livrerais-je pas les miens. Maintenant, je prends un personnage vierge de toute

notion et, avant qu'il ait cherché mon lieu commun, je le lui explique clairement. Qu'arrive-t-il? — Je lui ôte le profit qu'il aurait pu tirer d'une recherche personnelle. Ce qu'il y avait d'intéressant, de fructueux, c'était qu'il cherchât; c'était l'élaboration, l'exercice intellectuel. — Les gens qui donnent des aphorismes sur tout, comme Boileau l'a fait en littérature, sont par conséquent les éducateurs les plus dépourvus de raison qu'il y ait sous le ciel. On n'enseigne pas à dessiner en faisant repasser à l'encre un trait au crayon et l'on n'apprend pas à penser en faisant remâcher la pensée d'un autre. Oui, la Férule est un instrument terrible! Elle donne carrière à la paresse intellectuelle tout en fatiguant la mémoire et, l'emphase avec laquelle on l'applique étant contagieuse, elle produit invariablement un prud'-homisme plus ou moins notoire. Voilà bien le mauvais génie dont parlait M. Bréal, l'éminent et clairvoyant professeur.

— Mais, dira-t-on, si ce qu'on enseigne est juste, l'enfant aura beau vivre sur ses aphorismes, il ne sera pas prud'homme. — Je vous demande pardon. Comme on n'aura développé en lui aucun jugement, il ne saura pas utiliser ses aphorismes et les emploiera à tort et à travers, ce qui est le propre de M. Prud'homme.

Est-il une idée plus juste que celle-ci : « je suis père, je dois me sacrifier pour mes enfants » ? M. Prud'homme la connaît. Demandez-lui ce qu'il pense du comte Ugolin qui mangea ses fils à défaut d'autre nourriture ; il vous dira que son premier devoir était de leur conserver un père. Faites la part de la charge du caricaturiste et vous aurez de l'essence de prud'homisme.

Il faut, à vrai dire, ajouter aussi que ce que l'Université enseigne est loin d'être toujours juste.

L'esprit de l'enfant se débattrait-il un peu, cela ne servirait à rien, la somme des sentences à absorber est telle qu'il est bien obligé de se reposer sur elles, elles remplissent toute sa tête, mettent au supplice sa petite âme en empêchant ses rouages de fonctionner. Il faut qu'il accepte ou n'accepte pas la férule. De là résulte la formation de deux parts dans les élèves : d'un côté les moutons dociles et quelques esprits ouverts, mais point récalcitrants, constituent les bons élèves et les prix d'honneur (pour les derniers le mal n'est pas grand, ils seront toujours déniaisés) ; de l'autre sont les cancres, imbéciles ou paresseux, les Théodule Benoiton et les esprits tant soit peu indépendants qui ont besoin d'air et qui pensent aux libellules pendant que le professeur explique la chrestomathie.

6.

Avec notre petit mouton il n'y avait point de doute, il a été bon élève et apprenti Prud'homme.

Vous pensez que mes critiques ne portent pas sur le présent. On a fait ouvrir de vastes baies dans les murs des collèges, il y fait clair ; on a rédigé des règlements applicables aux dortoirs et aussi, sans aucun doute, à l'enseignement, j'oublie les leçons de choses, les.... — Il n'y a absolument rien de changé, ne vous en déplaise, il y a quelques belles phrases en plus et quelques casiers à étiquettes où sont classés des minéraux.

La corrélation est parfaite entre l'éducation que l'Université donne et l'examen qu'elle fait subir. Aussi un élève ayant une instruction souvent beaucoup plus vaste et mieux digérée que celle d'un écolier ordinaire, mais ne l'ayant pas dans les mêmes plis, ne sera jamais bachelier ou bien sera piteusement admis comme par grâce. Cela n'a pas changé depuis le temps où le grand Baudelaire passait son baccalauréat : « Ce garçon d'un esprit si fin et d'un savoir si réel parut presque idiot, nous dit Th. Gautier. » Sans chercher parmi les hauts esprits d'autres exemples d'inaptitude parfaite aux succès classiques, on en trouverait à foison parmi les enfants d'un peu de bon sens. J'ai connu un bambin qui a passé à travers l'en-

seignement comme la seule salamandre des bla-
sons sait passer dans le feu. Il voyait tout sous
un angle très différent de l'angle officiel et se
faisait une instruction à part. Son intelligence
n'était sensiblement, ni au-dessus, ni au-des-
sous du niveau vulgaire ; seulement, vers dix
ans il avait contracté l'habitude, sans doute peu
recommandable et même vicieuse, de raisonner
sur tout. Quand on lui disait : « Explique
nous un peu comment tu aimes à jouer avec tes
amis », il répondait : « Prends une allumette,
elle représentera le plaisir que j'ai à manger
des confitures ; tu en prendrais cent que ça ne
représenterait pas le plaisir que j'ai à courir
avec mes amis. » Malgré cela, on a désiré
le faire bachelier, tout le monde l'étant. Docile
alors par condescendance, il a voulu se pénétrer artificiellement de l'*esprit* universitaire,
en colorer ce qu'il savait. Eh bien, il aurait
fallu qu'il renonçât à sa vieille habitude de
raisonner sur l'utilité des choses et leur
valeur ; c'était plus fort que lui. Il est
grand maintenant, n'est point immatriculé et ne
s'en porte pas plus mal. On est bachelier quand
on a été docile avaleur ou bien quand on a
le courage d'être un intelligent farceur et de faire
comme si l'on avait passé sous la férule.

Vous me demanderez pour quelle raison Boi-

leau est si respecté. — Boileau n'aurait pas vécu
que les choses auraient marché de la même
manière. Au lieu de lui demander le ton, on
l'eût demandé à Cicéron ou à Aristote; peut-
être cependant, comme je le montrerai, le système eût-il été adopté avec un peu moins d'enthousiasme, mais c'est tout. Ce n'est point la
valeur de Boileau qui l'a fait l'inspirateur de
l'Université. On n'est point un homme de génie
parce qu'on a trouvé que Paris est en France, ni
parce que l'on a dit de ceux qui manquent de
bon sens : « regardez-donc, il a mis ses chausses
à l'envers »; cela est à la portée du premier
gamin venu tant soi peu malin. Vous serez
d'avis qu'il était très beau de le dire en ce
temps de barbarie du xvii° siècle; que Boileau, moderne Orphée, a civilisé ces ours et
ces tigres : les Racine, les Molière... Cela me
paraît très extravagant, cependant, je vous
l'accorde, en tout cas ce ne serait plus beau
dans le nôtre. Il y a d'autres raisons qui mo-
tivent ce choix.

Faut-il en accuser les professeurs de l'enseignement secondaire ? — Ils sont pour la plupart
pleins de zèle. Sans contredit, il s'en trouve
de bien originaux; mais cela disparaît dans la
masse. Tout le monde a connu le pourfendeur,
le romantique, le communard, le mystique, le

lyrique... (Oh! le lyrique! — celui qui fourre des exclamations jusqu'au milieu des résumés de géographie!) Mais tout le monde tombera d'accord sur ce point que les maîtres de nos lycées sont de bonne et intelligente volonté. S'ils ne réussissent pas à faire bien, c'est qu'ils ont les mains liées. — Le mal vient d'ailleurs.

Felix qui potuit rerum cognoscere causas!

L'enseignement a une hiérarchie comme l'Église, et le professeur de collège est à peu près aussi dépendant du professeur de faculté, que le curé de son évêque. Sa dépendance est moins directe et moins visible, au fond le résultat est le même : les professeurs de faculté gouvernent en maîtres le Conseil supérieur qui rédige les programmes, et tout se fait d'après les programmes. Or, ils ont l'air d'avoir été combinés après un déjeuner sur l'herbe, entre une ritournelle joyeuse et le pétard d'une bouteille de champagne. On respecte dans les nouveaux le vice fondamental des anciens, le mal vient de là. Surchargés sans raison, ils entraînent forcément le système d'éducation par aphorisme cher à Boileau, quelque chose comme le gavement des canetons. J'ai entendu des professeurs de faculté critiquer les « boîtes » à faire des

bacheliers, ils ne voient pas que grâce à eux
l'Université est une immense « boîte » à faire
des Prud'hommes.—Comment cela, dites-vous?
Mais le type du pédant a disparu. Je fais tous
les jours mon whist avec V..., au café des
Palmiers... — Qui dit le contraire? J'ai parlé
tantôt d'un déjeuner sur l'herbe, oh! d'accord,
disons-le sur tous les tons, en vers si vous
voulez :

> Les pédants d'aujourd'hui n'ont plus de robe noire
> Ni de bonnet carré. Ce sont de bons garçons,
> Parlant franc, buvant sec et disant des chansons
> Comme un simple commis les dirait après boire!

Les pédants ne sont plus pédants. Ils sont
bien trop intelligents! Seulement, ils sont las,
oh! très las! Fatigués par la préparation stérile de je ne sais combien d'examens, une fois
arrivés à leur but ils trouvent qu'il est vraiment temps de se reposer, font un « ouf! »,
oublient qu'errer est chose humaine, que les
réformes sont le palliatif des erreurs, somno-
lent agréablement et se contentent de garder la
place. Cela est aussi fatal que la chute des
corps et cela dépend de lois psychologiques
aussi rigoureuses que celles de la gravité. Il ne
faut donc pas leur en vouloir, à eux qui ont
jadis subi des programmes mal conçus, de ne

les point réformer quand ils le pourraient; ils
sont entrainés par le courant : comme en rêve.
Contentons nous de dire avec V. Hugo :

. . . . . . Que la Sorbonne vit !
Ah! pardieu, vous allez me faire accroire çà !

En dehors de cette somnolence qui les empêche de toucher à ce qui existe, serait-ce
mauvais, il y a chez eux, à ce que d'aucuns disent, une intime et inconsciente sympathie
pour Boileau.

Ce serait là la source de leur ardeur particulière à l'endroit du système de ce didactique.

Nous touchons au côté délicat du sujet. La
position d'un professeur de faculté ne laisse
pas d'être singulière. Il a la réputation très
honorable d'être le gardien des bons auteurs,
celui qui préserve l'autel de l'invasion de bar-
bares, le grand prêtre de l'idée. Si bien qu'il
se trouve de méchantes langues pour dire que
ces messieurs ont des prétentions de maires du
palais des vieux rois qui voudraient faire
croire à la fainéantise des rois du jour et
s'ériger en seuls possesseurs des bonnes tra-
ditions; qu'à cause de cela ils chérissent en
secret Boileau, illustre représentant de la littérature à laquelle ils prétendent plus particulièrement : la critique académique.

On n'écoute pas les méchantes langues et je ne veux pas croire celles-ci.

Je ne parle même de cela qu'à contre-cœur, parce que mon sujet m'y oblige. Je sais si bien que vous allez répliquer tout de suite :

Mais c'est impossible ! Il ne suffit pas de se mettre à dix personnes de bonne volonté pour avoir du talent ; qui espéreraient-ils éblouir ? Entre l'artiste, le créateur et l'homme érudit, à longue patience, sachant ce que les autres ont trouvé et n'ayant rien trouvé lui-même, qui donc hésitera jamais ? Ce n'est pas que nos méchantes langues ne trouvent à répondre que vous oubliez les imbéciles et qu'au reste ces messieurs ne font pas la distinction dont vous parlez.

— Encore faudrait-il des preuves qui nous montrassent leur ambition... demandez-vous. Les infâmes vous diront : « En voici, écoutez ces messieurs se renvoyer mutuellement l'encens : fleur sans prix cueillie dans un ouvrage universitaire, « Chez les Italiens Pétrarque *et* en France, il y a quelques années, un des professeurs de la Sorbonne, M".... *ont* donné (au sonnet) un charme, une variété, une force, un éclat... » prodigieux ! (Notez qu'il s'agit du sonnet et que ce n'est pas un terrain favorablement académique.) Quel esprit de corps ! Ainsi Ronsard ? Théodore de Banville ? François Coppée ? Sully-Prud'-homme ? Prodigieux ! — Autre fleur non moins sans prix, l'auteur répond à cette question qu'il se pose : quelles sont les sources de l'invention ? « Outre le génie et l'imagination : l'observation, la réflexion, l'étude des modèles et l'imitation. » — Vous remarquez avec stupeur dans le journal sténographié du baccalauréat des questions telles que celle-ci : « Qu'a écrit M^r... à propos de la querelle des anciens et des modernes ? » Après tout, répondrons-nous aux langues envenimées, ce sont de grands et intelligents travailleurs et je suis d'avis que l'on doit y avoir égard.

Malheureusement, tous ces phénomènes psychologiques qui se passent dans les têtes universitaires font que la Férule est maintenue telle quelle : c'est le plus clair de l'affaire. Et le pauvre petit bonhomme dont nous voulons suivre l'éducation a été le premier à s'en ressentir. Il fallait parler de la main qui tient le manche de l'instrument afin de faire comprendre de quel côté vont ceux qu'il pousse.

Malgré tout ce que j'ai dit, on étonnerait bien un professeur de faculté en lui assurant que l'on taille dans les collèges un complet pour l'intelligence de même qu'on taille un complet

7

chez Godchau, car chacun proteste à l'occasion de son libéralisme, disant que l'on doit « éviter d'être trop affirmatif, estimant qu'il faut en général donner des ouvertures à l'esprit plutôt que le remplir de jugements arrêtés » (1); affectant de remettre Boileau à sa place ; parlant de la latitude laissée aux enfants !

Ce mot « latitude » me laisse rêveur et invinciblement je songe au papillon de Mme de Girardin ; la pauvre bestiole de cuivre ornait le balancier d'une pendule et voletait entre deux fleurs, de sorte qu'elle était condamnée à une éternelle et toujours même inconstance.

(1) Fénelon.

UN PEU DE DÉTAIL.

II

On a dit qu'il suffirait d'enseigner les vingt-
cinq lettres de l'alphabet, que le reste vient tout
seul. Je ne suis pas aussi intransigeant ; je
pense qu'il faudrait s'inspirer de Rousseau et
se contenter d'empêcher les égarements des
jeunes intelligences comme il voulait que l'on
empêchât ceux d' « Emile ». Je voudrais que
l'on prît exemple sur ces sages nourrices qui,
pour apprendre à marcher aux enfants, ne les
mettent pas dans des chars à roulettes et se
contentent de ne les point perdre de vue. Que
nous sommes loin de cet idéal ! O Socrate,

accoucheur des esprits ! O pauvre petit mouton !

La littérature est après tout la pièce de résistance de l'éducation. Quand je dis littérature il faut lire philologie. En effet, les sources de l'enseignement littéraire sont le manuel et l'explication des textes ; et l'élève n'étudie avec fruit que la seule philologie dans le manuel comme dans l'explication. (1) Ici l'aphorisme n'est qu'une constatation. Le manuel comporte, il est vrai, des détails biographiques, de l'histoire littéraire et quelques lieux communs de littérature qui traînent partout et qui sont souvent d'une remarquable fausseté, tout cela n'est point de la littérature. Quant à cet innocent exercice qu'on appelle « discours français», qu'en dirai-je? Là encore tout se fait par aphorismes. On ne se contente pas d'imposer des idées, on impose des formes de style analogues à celles des manuels de pêche à la ligne, on fait rentrer les jugements dans des cadres de ce genre: « cette œuvre est marquée au coin du..., » « l'élévation de l'idée ne le cède en rien à celle du style », « il avait toutes les qualités de l'es-

(1) Cet état de choses, très visible déjà dans l'enseignement secondaire, l'est bien plus encore dans l'enseignement supérieur. M. E. Caro demandait, il y a quelques années : « En veut-on faire une simple école de commentateurs ? »

prit et toutes les qualités du cœur ». « L'analyse des passions fournit à cet auteur un vaste champ d'observation », « c'est un modèle de l'art d'écrire ».

Il y a du reste une bonne raison pour que tout se réduise à de la philologie; l'étude des chefs-d'œuvre est pratiquement impossible, la rhétorique précédant la philosophie. Expliquez donc quoi que ce soit sans philosophie! Un excellent professeur de l'enseignement secondaire, qui a été le mien autrefois et pour qui j'ai conservé le plus affectueux respect, s'obligeait à nous faire un petit cours de philosophie avant que d'étudier une tragédie; nécessairement son ingénieuse initiative ne remplaçait pas une année d'études et, malgré tout, les tragédies n'étaient comprises que par un très petit nombre d'élèves. Je veux parler du mécanisme des passions en jeu, ce qui relève déjà de la littérature; quant à la beauté esthétique, il va sans dire que personne, ou à peu près, ne la sentait. Car faire comprendre cette beauté esthétique est théoriquement impossible : on sent ou on ne sent pas, cela est de toute évidence. La prétention de l'Université à la faire comprendre est une naïveté toute pareille à celle du marchand de pianos dont je reçois ce prospectus :

7.

PIANOS

Sur les nouveaux instruments on joue de suite avec expression.

Etant donné le système d'éducation littéraire, en usage, il est facile d'imagnier ce qui se passe dans le cerveau de notre jeune mouton, il n'a point de sens littéraire; pendant un temps ont subsisté pour lui quelque phrases bien faites renfermant d'excellentes pensées à côté d'idées très fausses, quoique très banales et très communément reçues ; puis l'ensemble s'est disloqué n'étant point la substance même de l'esprit, des filaments subsistent seuls — vers taillés en proverbes ou phrases apprises par cœur — telle une toile d'araignée crevée en vingt endroits par de grosses mouches.

Donnons-lui la parole : Qu'il nous parle des « bons auteurs ». Nous nous permettrons quelques réflexions sous le couvert de la parenthèse.

Corneille et Racine?

— Ils procèdent de Boileau (parfaitement, de même que la France était cartésienne avant Descartes, la France a pressenti cette bienheureuse maladie qui devait mettre tant d'ordre dans la tête de Nicolas Boileau bien avant la naissance de Nicolas Boileau). Au sujet de ces deux poètes il a été dit deux phrases mémorables qui sont des jugements sans appel (il faut les réciter les yeux fermés et l'on peut grâce à elles donner un jugement très juste sur nos deux grands tragiques, à peu de frais, en pensant même à autre chose). « 1º Racine représente les hommes tels qu'ils sont et Corneille tels qu'ils devraient être. » (En effet, ma concierge et Mᵐᵉ E. notairesse aiment tout à fait comme Hermione. Etonnant de réalisme, ce Racine ! Le père de Karl Huÿsmans et de Paul Alexis. Il n'est pas moins évident d'autre part que M. Z, marchand de boutons de manchettes, est tenu d'avoir la clémence d'Auguste ; que ce petit homme chauve qui marmonne tout le long du jour à l'Eglise et regarde les gens avec l'œil d'une grenouille à demi écrasée doit se conduire comme Polyeucte. Et que mon maître d'armes est tenu de tuer sa sœur s'il lui arrive d'aimer un Allemand. Il est aussi du dernier bien de se modeler, par exemple, sur Cinna et sur Cléopâtre.) « 2º Saint-Evremond a dit: dans Corneille ce sont les situations qui font les caractères ; dans Racine, ce sont les caractères qui font les situations. » (Ainsi : ce n'est pas du tout le caractère de Polyeucte qui le détermine à embrasser le christianisme. Ce n'est pas du tout le caractère du Cid qui le fait assez jaloux de son honneur pour venger son père et assez amoureux pour aimer toujours Chimène. Et c'est évidemment le caractère d'Iphigénie qui fait sa situation en empêchant les malheureux vents de l'Euripe de se donner carrière...) Le chef-d'œuvre du théâtre français est *Athalie* (et *Polyeucte?* et *le Cid?* et *Andromaque?*... j'aime beaucoup *Athalie*, mais, comme dit M. Granier de Cassagnac, à part quelques beaux élans, Joad a l'air d'un curé de St-Sulpice et j'éprouve peu de plaisir à rencontrer des phrases dans lesquelles une fleur est tuée par sa mère avec un couteau, il y a bien un peu la superstition d'*Athalie*).

— Bossuet?

— Un tempérament et une plume d'aigle. Il a écrit: « Celui qui règne dans les cieux » au lieu de dire avec une basse simplicité: Dieu. (Un homme très fort alors, passé maître dans l'art de dire en six mots ce qu'il eût pu dire en un seul, donc « Bossuet ou l'art de tirer à la ligne » comme on dit « *Oscar ou le mari qui trompe sa femme.* »)

— Montesquieu?

— Un homme d'une force étonnante ce baron de la Brède. Il a fait, à ce que dit le traité de littérature française, un livre bien remarquable sur les lois; un de ces livres qui « font époque » dans les progrès de l'esprit humain. On parle aussi d'un travail intitulé : « *Grandeur et décadence du peuple romain.* » Pour mémoire il faut citer les *Lettres persanes ;* livre dont le libertinage d'esprit prouve victorieusement une fois de plus qu'un auteur ne doit pas publier de livre avant l'âge de raison . (Montesquieu avait 32 ans.) La sobre grandeur de cet écrivain réside dans des phrases comme celle-ci : « Il savait bien que le courage peut raffermir une couronne et que l'infamie ne le fait jamais. » (Après tout, il faudrait connaître les pièces de M. Dennery pour songer à la croix de ma mère et aux petits signes dans le dos qui sont des effets de même ordre. Notre mouton se représente assez bien l'ampleur, la noblesse, à la façon des sculpteurs pour sujets de pendule.)

— Buffon ?

— Restera célèbre devant la postérité ; car il a produit le *Discours sur le style.* Sa création de la géologie pâlit devant le discours en question, car... « le style est un sceptre d'or à qui reste en définitive l'empire de ce monde ». (C'est Sainte-Beuve qui a dit cela.) Entre autres pensées sûres, exactes, on citera de lui celle-ci : « Le véritable orateur n'est pas l'homme passionné qui émeut les multitudes, mais celui qui

a des phrases bien ordonnées et bien nuan-
cées. »

— Pascal ?

— Personnage mystique, un disciple de Jan-
senius, un parfait chrétien qui eut la foi la plus
ardente et la plus robuste. (A preuve qu'il paria
Dieu à pile ou face et joua l'éternité au petit
palet pour mieux montrer qu'elle vaut la peine
qu'on s'occupe d'elle.)

— Virgile ?

— Né en 70 avant Jésus-Christ. Il raconte
les amours des bergers et l'histoire d'Enée...»
(En effet, c'est tout ce qu'on en dit générale-
ment.)

— Voltaire ?

— Un homme d'esprit, de sarcasme, au
sourire méchant de déterré caustique ; mais
surtout un historien ! Son chef-d'œuvre est le
Siècle de Louis XIV (livre qui commence
par l'histoire de toutes les Espagnes et finit par
une pensée sur le cœur des petits Chinois).

— Théocrite ?

— Théocrite a servi de modèle à Virgile
pour ses idylles. (Hanté par cette idée de
modèle, ce pauvre mouton définit un homme
par les élèves qu'il a faits.)

On irait comme cela indéfiniment.

Le plan d'éducation de l' « Emile » est sans

doute un peu paradoxal et, laisserait-on toute
liberté à un enfant, il n'est pas certain,
nous l'avons rappelé déjà, qu'il arrive à
comprendre, à aimer ce qu'on nomme « le
beau » ; mais il y a une éducation libérale
qui met sur la voie, et la pensée de Rousseau
nous paraît encore juste à présent : « Figurez-
vous d'un côté mon Emile et de l'autre un
polisson de collége lisant le IV° livre de
l'*Enéide*... Quelle différence! Combien le cœur
de l'un est remué de ce qui n'affecte pas même
l'autre.» Notre pauvre mouton sera prud'homme
en littérature. Il en parlera sans avoir la moindre idée de ce qu'elle est, avec l'aplomb que
donne la confiance en soi !

— Occupons-nous de l'éducation artistique,
je vous prie. Vous êtes-vous parfois demandé
pourquoi le public préfère infiniment aux expo-
sitions d'art un feu d'artifice où l'on fait des
« ah !»? Pourquoi nous tournons à l'esthétique
des sapeurs-pompiers? Cela tient tout simplement à l'éducation artistique que l'on donne
aux enfants. L'enseignement du dessin a été
très amélioré, il est possible que l'on donne
une habileté de main relative, mais cela n'a
rien à voir avec l'art, avec l'éducation artistique. Qu'y a-t-il cependant en dehors de cet
enseignement? — Rien. Sans essayer de faire

sentir le côté élevé de l'art comme on essaie
naïvement de faire sentir le côté élevé de la
littérature, on pourrait du moins dire qu'il
existe, et en inspirer le respect. On ne le
fait pas. Et si le mot « art » revient
quelquefois au cours des études classiques,
dans des phrases analogues à celle-ci : « Le
poète avec un art infini a peint, a reproduit... », c'est toujours avec le sens de « re-
production de la nature ». De sorte que l'enfant
devant une œuvre d'art ne voit que le côté
« bien fait ». De là à ce raisonnement du paysan
de Rousseau (le peintre) : « Pourquoi donc
refaire ce chêne puisqu'il est déjà fait? » la
distance est imperceptible. Et notre mouton
sera en art M. Prud'homme tout pur, plein
de haine pour l'artiste, qui en travaillant dans
les frivolités gagne des cent mille francs, alors
que l'on a quelquefois tant de mal à gagner
vingt sous.

D'ailleurs, les arts ne sont pas en honneur
chez les pédagogues. Il y a une sottise grosse
comme l'Himalaya qui se perpétue grâce à eux.
Au XVII⁰ siècle, la distinction que l'on faisait
entre les arts et les lettres était fort légitime.
L'écrivain n'était sensible qu'à un certain
ordre de sensations; il n'avait pour ainsi dire
qu'un sens littéraire. On a continué à cause de

cela à séparer les lettres des arts ; c'était bien, il pouvait être et il était entendu que « homme de lettres » voulait dire « artiste en littérature ». Mais il s'est trouvé je ne sais quel critique aux idées falotes pour reprendre de nos jours l'ancienne antithèse des lettres et les arts, et c'est maintenant une tradition universitaire : si bien que l'on donne au baccalauréat de ces sujets de discours fantastiques : « De la supériorité des lettres sur les arts. (1) »

— Parlons de l'enseignement philosophique. Vous savez que le Romain riche, de l'époque impériale, envoyait acheter un philosophe sur le marché, quand était venu le temps d'instruire son fils : épicurien, platonicien, stoïcien, c'était à la bonne fortune. Voilà qui paraît monstrueux. C'est tout juste la même chose aujourd'hui, sauf que l'homme n'est point acheté. Nous ne le reprochons à personne. Le professeur de philosophie est le seul qui, dans un collège, soit moralement obligé d'avoir des opinions définies, raisonnées, et de les afficher ; de la variété des humeurs naît une grande variété de théories. Je me hâte de dire toutefois que le matérialiste,

(1) Donné en 1884.

avec le sens moderne du mot, c'est-à-dire le partisan de la philosophie considérée comme conséquence de la science (toutes réserves faites quant à la métaphysique), est extrêmement rare. « Pourquoi, se demande M. André Lefèvre, dans son remarquable livre, pourquoi les théories émises par tant d'hommes convaincus, compétents, profonds, n'ont-elles pas eu et n'auront-elles jamais cette autorité officielle dont l'éclectisme jouit encore? C'est que, moins superficielles, elles sont plus chimériques ou, comme on dit aujourd'hui, moins pratiques. » Moins pratiques! Voilà bien le mot. C'est-à-dire effarouchant les âmes ingénues incapables de croire à l'honnêteté et même à la foi d'un savant qui cherche à expliquer ce qu'il voit ; prudes enfin qui se voilent les yeux devant la nudité de la déesse Vérité. Et c'en est assez pour que les prudents professeurs de faculté qui font vingt pas sous un boisseau dans un piétinement de « *verum enimvero* », s'abstiennent de les développer. De plus, elles ne s'accordent pas avec leur érudition spiritualiste et dérangent leur besogne de chaque jour. Leurs élèves, les futurs professeurs de l'enseignement secondaire, sont donc nourris dans l'amour de ce qu'ils appellent l'idéalisme. Il y a ainsi une grande variété d'idéalistes et fort peu de matérialistes.

Au reste, les programmes de l'enseignement imposent l'étude d'une masse de biographies et l'étude succincte d'un nombre considérable de systèmes très divers, et l'enfant a occasion d'apprendre sérieusement une seule chose : l'histoire de la philosophie, ce qui n'est point la philosophie. Avec un professeur matérialiste, il connaîtra très exactement la biographie d'Epicure; avec un spiritualiste, il saura que M. Jouffroy a publié tel livre en telle année.

Le professeur (serait-il par hasard matérialiste) doit dicter un cahier dont la matière est la philosophie officielle « l'éclectisme » de Victor Cousin saupoudré d'un peu de Janet. Cet enseignement n'a plus le don de passionner personne, il glisse sur les têtes des enfants comme le flot d'eau tiède qu'il est. Tout au plus s'arrête-t-il à fleur de peau quelques idées de cette force : « un sentiment ne peut pas être un groupe de sensations », « le suicide est une lâcheté ».

On en est arrivé — prodige d'adresse! — à faire de la philosophie, qui seule est capable de développer réellement le jugement, une sorte de passe-temps fatigant et stérile.

Quant aux auteurs à expliquer, voici comment ils ont été désignés. Le président du conseil des délibérations a évidemment emprunté le chapeau d'un de ces messieurs du conseil pour y déposer, inscrits sur des bouts de papier, les titres d'un certain nombre d'ouvrages philosophiques. Puis, le plus jeune de la « société », un petit docteur, blond comme les amours et doux comme le miel nouveau, a tiré un à un les titres suivants : « *VIII° Livre de la République* (Platon), *Morale à Nicomaque* (Aristote), *De Legibus* (Cicéron), *De Vita beata* (Sénèque) ». Ici le petit jeune homme blond s'est retourné vers le président et lui a dit : « Cela ne va pas ! Rien que des moralistes (1)! » — «Patience ! » a répondu le président. Le petit jeune homme a repris son opération : « *Monadologie* (Leibniz). Mais, monsieur le président, autant proposer à quelqu'un de dévider un écheveau de fil embrouillé dans l'espace d'une seconde que de donner à des enfants.... » — « Patience! » — « *Discours de la méthode!* Descartes! Enfin! gémit le jeune homme blond, il y aura toujours un vrai philosophe (2)! »

Que dirai-je de l'étude des langues anciennes

---

(1) Entendez des hommes qui se sont montrés moralistes dans les livres cités, avec le sens large du mot.

(2) Il paraît que l'on s'occupe de modifier la liste des auteurs philosophiques. C'est une entreprise vraiment louable et nous souhaitons la voir arriver à bonne fin.

et modernes? Le latin, le grec, l'anglais et l'allemand sont (j'en veux être convaincu), aussi bien enseignés que possible. Le malheur est qu'au point de vue de la culture intellectuelle, c'est presque en pure perte. Ce qui est important ce n'est pas le mot latin, le mot allemand, c'est la pensée latine et la pensée allemande. Il est très naïf de prétendre (quelques-uns le font) que l'étude des langues considérée au point de vue des mots eux-mêmes développe le jugement. Les idées existent indépendamment des mots. L'exercice des charades, s'il est à certains égards moins utile que l'étude des langues, développe à coup sûr l'entendement dans une égale proportion. Apprendre plusieurs langues, c'est proprement apprendre à donner plusieurs noms à la même chose. Eh bien! quand je sais que Paul s'appelle encore Edouard, Léon et Anatole, l'idée que j'avais de Paul est-elle modifiée? Suis-je entré plus profondément dans sa connaissance intime? Dites-moi qu'il est intéressant de connaître plusieurs langues *vivantes* à cause des relations possibles entre nous et des étrangers, mais ne dites pas que la grammaire comparée est capable de hausser l'esprit d'un chacun.

L'Histoire qui est une science est aussi une philosophie. — Science, elle offre un simple intérêt de curiosité, philosophie, elle apprend à comprendre les hommes, à aimer le pays où l'on est né et à être bon citoyen. Un bachelier reçu avec mention pour l'histoire « vous dira que Sémiramis parlait comme son fils Ninyos, qu'on ne les distinguait pas à la voix » (1), mais il a si peu de sens historique que la première influence venue au sortir du collège lui fera tenir Louis XVI pour un traître ou bien pour un martyr. Je passerais encore là-dessus (si la politique se mettait dans l'école !) mais on ne lui a pas dit ce que représente la France, on ne lui a pas fait toucher du doigt notre esprit national ! Un écrivain distingué de la Sorbonne (voix isolée, hélas !) se plaignait naguère dans ses « Notes sur l'Allemagne » de ne point voir une histoire patriotique introduite dans l'enseignement. « L'indifférent silence de l'école en matière d'éducation nationale est effrayant. Il y a une propédontique du devoir militaire : nous la négligeons ; et pourtant il est périlleux de percevoir l'impôt du sang en vertu de lois et de règlements comme l'impôt sur le tabac, l'alcool et les cartes à jouer. » Si d'aventure notre mouton devenait patriote, il n'aurait jamais qu'un chauvinisme ! ôte qui se contente de

(1) La Bruyère;

grands mots sonnant à la manière des tambours crevés. Le bachelier sera prud'homme en patriotisme, car Chauvin n'est qu'un Prud'homme.

— L'aphorisme qui est le ver rongeur du baccalauréat littéraire (?) est le meilleur appui du baccalauréat scientifique. La plus grande docilité à admettre le fait accompli et présenté en axiome est la condition la meilleure pour comprendre les sciences. (Il va sans dire que je ne veux pas parler de la profondeur des sciences : là où elles s'élèvent presque aussi haut que la poésie, il faut la sensibilité et l'enthousiasme pour les comprendre.) Les éléments des mathématiques, de la géographie, de la physique, de la chimie, de l'histoire naturelle ne sont point mal enseignés. Mais tout au plus cela conduit-il, non pas au maniement du syllogisme, mais au maniement de syllogismes déterminés.

Ce que je ne puis voir sans sourire, c'est une adorable contradiction entre la partie scientifique et la partie philosophique du programme. Nous avons vu qu'aucune idée nouvelle ne pénètre dans la philosophie officielle. Eh bien, la théorie de l'évolution a ses entrées dans la science officielle, on y entrevoit la barbe blanche de Darwin et vous

verrez qu'un de ces jours Hæckel, quoiqu'on
l'appelle encore « hiérophante » et qu'on lui
dise de temps en temps de gros mots, y entrera
aussi ! L'Université établit un raisonnement
avec les sciences et ne conclut pas avec la
philosophie où plutôt conclut à la négation
de son raisonnement :

> . . . .
> Dans la matière encor passe, on peut innover;
> . . . .
> La routine consent à ce qu'un cachalot
> Inédit, lève un peu son groin hors du flot,
> On peut faire sans trop indigner les bélîtres
> Des révolutions dans les écailles d'huîtres... (1).

Je renonce à décrire le « beau désordre » que
cette inconséquence a produit dans la tête de
notre mouton.

On loue quelquefois la main tutélaire de
l'Université qui protège les jeunes âmes du
contact pernicieux du monde ; c'est une manière gracieuse et fine de dire qu'on les prépare
au monde en le leur cachant avec le plus grand
soin. Pour notre petit mouton, le monde est di-
visé par un mur comme le continent asiatique.
Du côté où il se trouve s'agitent des hommes à
l'air grave, au maintien compassé. On y dort
mal sur des matelas durs, on y mange mal à
des tables graisseuses. On s'y ennuie et tout y

(1) V. Hugo.

sent le moisi. De l'autre côté, il y a des hommes
bien portants et gais, on y dort dans de bons
lits et l'on y mange bien ; c'est le pays d'El-
dorado. Vous vous tromperiez grossièrement
en croyant que ce pays est exclusivement peuplé
d'hommes bien portants et gais, il est aussi
peuplé de gentils minois féminins. Car le cœur
s'éveille.

Vers 16 ans, alors qu'il explique *Tite-Live*
en seconde, l'enfant tourne tout à coup au
jeune homme. La transformation est facile à
constater ; suivez dans une « partie de cam-
pagne » une troupe d'enfants ; on pêche, on
s'étend sur l'herbe, on « canote » ; ce petit
blondin ne semble pas tant occupé de ce
qu'il fait que du plaisir qu'il y trouve :
rêveur sur lui-même, il n'est plus enfant
l'espace d'une minute, l'enfant ne rêve que
sur les papillons. Une certaine notion vague de
la légitimité du plaisir, voilà par quoi l'on dé-
bute dans la vie. Bientôt l'enfant tournera à la
sentimentalité et rêvera une Jeannette. C'est un
moment solennnel qui décidera peut-être de
toute son existence ; car l'amour tire à lui les
autres sentiments et quand il ne va pas droit,
quelle débandade ! Notre petit mouton a-t-il une
notion saine de l'amour, à ce solennel point du
temps? Alors qu'il était encore plus petit, quand

il revenait en vacance chez ses parents, on l'a très mal préparé à une bonne éducation sentimentale. On a l'habitude de parler de l'amour devant les enfants d'une façon incapable de les tromper tout en marquant l'intention de le faire. Cela éveille les mauvaises pensées qui sont chez nous à tout âge, je veux dire le goût du mystérieux, du clandestin, le goût du fruit défendu. Le plus important pour l'éducation morale de l'enfant serait la réponse vraisemblable au point d'interrogation scabreux. Vraisemblable pour lui, et il est si facile à contenter ! Ditez-lui qu'il est né dans un chou; mais ne souriez pas. Point de spirituels sous-entendus avec l'enfant. Au lycée il y a des contacts fâcheux, inévitables. Il y a l'éducation donnée par les romans naturalistes illustrés, que l'on se passe à l'étude, par l'histoire scandaleuse de nos rois, par *Alexis*, de Virgile... Tout cela est inévitable et l'Université n'en peut mais. Seulement elle pourrait en annihiler l'effet. Y travaille-t-elle ? — Elle croit très bien faire en évitant avec soin toute allusion non pas seulement aux scandales, ce que j'approuverais de toutes mes forces, mais encore à l'amour le plus naturel et le plus respectable du monde. En dehors des passions dans les tragédies, c'est-à-dire là où elles sont surhumaines et empôchent l'enfant de les rapporter à lui, ou dans les théories philosophiques où elles sont à l'état géométrique, il n'est parlé aucunement des passions. Il semble qu'il y ait sur elles une conspiration du silence dont chacun a le mot d'ordre; enfin c'est la continuation du système de la famille (1). Voyez le résultat; vous avez habitué l'enfant à croire que dans la vie on s'ennuie au grand jour et que le bonheur est dans l'ombre. Vous lui avez donné la notion de la vie en l'amoindrissant de ce qu'elle a de meilleur: il en résulte qu'il n'a point l'âme saine qu'il faut avoir; dans ses rêves d'avenir, l'amour robuste et sain lui aurait suffi; grâce à votre méthode il se bâtit une existence dans ses fièvres.

Ce n'est pas que je demande, un cours de sentiment comparé! Il me suffirait que l'on ne fît point mystère à l'enfant déjà grandelet de ce qui ne peut pas rester mystérieux et de ce qui est honnête. Méditez seulement cette pensée de Jean-Jacques : « En réfléchissant à la folie de nos maximes, qui sacrifient toujours à la décence la véritable honnêteté, je comprends pourquoi le langage est d'autant

(1) Ce n'est pas la même chose dans les collèges de filles, je vous prie de le croire. Titres de deux sujets de narration française donnés naguère dans un collège : « De l'amour » et « Les maîtresses de Louis XIV », C'est le monde renversé.

plus chaste que les cœurs sont plus cor-
rompus, et pourquoi les procédés sont d'autant plus exacts que ceux qui les ont sont plus
malhonnêtes. » Ce dont on a gratifié notre bachelier (car le mot mouton irait mal ici), c'est,
il me semble, le vice bourgeois, c'est sous l'attitude prude, le fond boueux : Le bachelier
illustrera la catégorie des *vicieux bourgeois*.
Il ne laissera pas cependant de parler du « sentiment » en prétentieuses et méprisantes pé-
riodes. Hélas! il sera prudhomme... même en
amour!

Résumons-nous : on l'a doté d'une érudition
fausse qui ne tiendra pas un an ; d'autre part,
on lui a inculqué bon nombre d'idées absurdes.
Voilà pour l'esprit. Quand au cœur, on n'y a
même point songé.

Chaque année, par toute la France, on sort
d'une boîte couverte de toiles d'arachnide et de
lichens, un grand pantin vêtu de noir. Il a la
tête séparée du tronc par une cravate blanche.
Ses membres s'agitent de mouvements lents et
calculés. Dans sa poitrine est placé un admirable phonographe à feuilles d'or. C'est un
androïde parfait. De ses poumons métalliques

sort un discours, toujours le même, très bien fait, très mesuré, très sage, méritant une somme incalculable de bons points. Cet homme est l'automate-orateur des distributions solennelles des prix. L'ut dièze de son allocution est cette phrase émouvante qui fait se mouiller tous les mouchoirs : « Nous ne voulons pas faire des bacheliers, nous voulons faire des hommes ! » Et cela suffit. Le public s'en va la tête pleine de l'enthousiasme du progrès et convaincu que les institutions tournent comme des girouettes, au vent des réformes heureuses. — Est-il comédie plus réjouissante ? Got est moins drôle.

Si j'étais capable d'un sentiment avoisinant l'indignation, je crierais bien haut que nous sommes envahis par le superstitieux respect de « l'officiel » ; car je l'aime, le petit mouton, l'humble et docile travailleur. Je dirais que ce n'est vraiment pas le temps de discuter sur des questions de détail, sur la suppression du grec et du latin ; qu'il faudrait se proclamer « réformateur depuis la racine jusqu'aux branches » pour ne point mériter le haussement d'épaules dont on gratifie les aimables farceurs ; que l'on peut avec ou sans latin faire d'un esprit docile un homme de bon sens, et qu'avec le système actuel d'enseignement on n'en fera jamais rien qui vaille. Que le bacca-

lauréat, examen très élémentaire, n'en doit pas être cependant plus sot. Nombre d'esprits non prévenus m'approuveraient fort, même parmi les universitaires ; mais je suis incapable de tout sentiment avoisinant l'indignation. C'est vraiment trop démodé et trop fatigant. D'ailleurs, j'en serais pour mes frais.

Je dirais bien aux pères de famille, sans avoir besoin de m'indigner, que leurs fils pourraient faire intelligemment en cinq ans ce qu'on leur fera très mal faire en douze années de collège (1). Mais je me rappelle à temps l'histoire de ce brave homme dont parle Alphonse Karr. On lui faisait remarquer que son fils avait puisé dans l'enseignement universitaire quelques idées très fausses. Il écouta patiemment ainsi qu'eût fait une poutre ; puis d'un air d'importance : « Monsieur, je ne veux pas le déranger de ses études ». Il y a là dedans tout un monde ! Oh ! ce prestige du chrysocale officiel ! Quelle hantise !

Le père de notre mouton pense comme ce brave homme et continue à se promener délicieusement dans l'intelligence cultivée de son

(1) Il va sans dire que si l'enfant n'acceptait les choses que sous bénéfice d'inventaire, il pourrait se faire une excellente instruction n'importe où, au collège aussi bien qu'ailleurs et aussi rapidement. Nous le rappelons quand même. Tout ce que nous avons dit ne s'applique qu'aux moutons.

enfant; il apprend de sa bouche avec une satisfaction où l'imprévu joue un grand rôle que
Louis XIV a cessé de vivre et que le bon
peuple de Paris profita de sa mort pour brûler
quelques fagots en signe de joie. Et la mère
s'enfle sous le taffetas de ses jupes quand le
dimanche le petit bonhomme la promène,
solennellement ennuyé, ne sachant où se fourrer
les mains, à travers les arbres de promenades
quelconques, au son de cette brave musique
militaire qui vous met au cœur des désirs
de ronde.

— « Il est lancé, dit le papa, en tapotant
amicalement sur l'épaule de l'ami sérieux, il
est lancé notre bachelier... » — Et cela est vrai
après tout, parfaitement vrai. Pour réussir, dans
l'ordre d'idées modeste où sa nature et son
éducation l'ont placé, il a tout ce qu'il faut. La
vie d'aujourd'hui, fébrile et superficielle, a ceci
pour résultat que le monde n'a point le temps
d'apprécier le mérite, le talent ou le génie des
gens — cela s'apprend longtemps après... par
les journaux — on dit à chacun : « votre
diplôme ? » et c'est une carte d'entrée. L'ère où
nous sommes est celle des immatriculés. Notre
Prud'homme aura donc une vie pleine de
charme, il l'embellira encore en *cultivant* les

belles lettres à ses temps perdus. Toutes les récompenses officielles éclabousseront d'honneur sa noble poitrine. Il suspendra ses diplômes aux panneaux de son salon, et quand il associera son bonheur à celui de quelque délurée de collège, sa belle-mère pourra dire à ses bonnes amies : « *Ma chère*, il a tous *ses* brevets ! »

L'ALBUM DE Mᵐᵉ STERNE

8.

L'ALBUM DE Mme STERNE

« Quand on parcourt un pays,
tous les sites ne vous arrêtent
pas en raison de leur importance,
et les exigences de l'itinéraire
parlent plus haut que les projets
d'équité de l'attention. »
(Xavier Aubryet.)

Je réunis ici quelques notes jetées pêle-mêle sur des feuilles volantes. Pour éviter un trop grand morcellement, je les mets en dialogue dans la bouche de deux personnages fictifs.

Mme Sterne est une originale, si vous appelez original tout ce qui n'est point ordinaire ; mais elle est simplement femme d'esprit. D'esprit assez complexe à vrai dire. Un amour de la forme paradoxale plutôt que du paradoxe, une grande recherche du piquant dans les choses, voilà tout ce que j'ai pu déchiffrer chez elle de caractéristique ; car Mme Sterne déroute sans cesse l'obser-

vateur, sachant paraître variée en ses habitudes mêmes et réaliser le grand problème
de la variété dans l'unité. Elle donne à toutes
choses je ne sais quoi de hautain, de personnel
et surtout d'essentiellement féminin. Cet être
d'une délicatesse exquise est, je l'avoue,
un véritable phénomène, maintenant que les femmes se croient obligées de penser en homme
pour avoir de l'esprit.

Mme Sterne veut bien m'écrire quelquefois et m'inviter à l'aller voir. Veuve, sans
enfants, riche; grâce à son âge absolument
indépendante : elle a réglé sa vie selon ses
goûts. Elle aime le monde, bien que suffisam-
ment sceptique, et donne des soirées très recher-
chées.

Je me souviens d'une après-dîner pendant
laquelle nous dîmes assez de mal des gens qui
tournaient autour de nous et principalement des
jeunes gens. Ma spirituelle hôtesse a fait un
album, ou plutôt l'a fait faire par ses amis.
Chacun d'eux a écrit un mot, quelques vers,
griffonné un dessin, donné sa signature...
— La chose en soi n'est plus de mode, et je
trouve que c'est à tort. — Comme je feuilletais
cet album, Mme Sterne me désignait du bout de
son lorgnon directoire les auteurs de ses petits
souvenirs et m'analysait avec malice leur carac-

tère, lançant mille sarcasmes à leur endroit.
C'est une étrange chose que d'entendre dire
tout bas son fait à un voisin qui vous regarde!
Force me fut cependant de rire, et bientôt de
bon cœur : le moyen de résister à cette mauvaise,
mais fine langue !

Voici quelques-unes de ses petites méchan-
cetés sur quelques jeunes gens. J'ai choisi de
préférence celles qui s'adressent à de véritables
types afin de ne point tomber dans des personnalités dépourvues d'intérêt pour le lecteur. Ce
sont tout au plus des épigrammes en manière
de portraits.

*
* *

• • • • • • • • • • • • • • • •

Nous avions déjà lu quelques signatures ti-
mides de très jeunes gens quand Mme Sterne
s'écria :

— Ne pensez-vous point comme moi,
M. Diaz? Je ne sais rien au monde de plus
digne de pitié que le jeune homme de
dix-sept à dix-huit ans? Un homme de vingt-cinq
ans, fût-il une brute fieffée, a une attitude, elle
est quelconque, mais elle existe. Un garçon de
dix-sept ans peut avoir beaucoup plus d'intelli-

gence, il n'a point d'attitude et il est forcément condamné au ridicule.

— Au ridicule ?

— Sans doute : s'il accepte son rôle, c'est par définition qu'il est ridicule ; s'il ne l'accepte point, il l'est par opposition. On comprend si bien que son rôle est le plus sot du monde que chacun s'empresse d'en jouir. Les vieux s'amusent à lui demander son avis sur Louis XI, afin de le vexer tout uniment, afin de le voir ennuyé d'être petit garçon. Les femmes l'intimident, elles ont toute une série de jouissances raffinées à essayer sur cet être naïf les étincelles de leur machine électrique. Elles s'exercent avec lui, imitant les maîtres d'armes qui s'entraînent en piquant au mur.

— Vous me rappelez, chère madame, une assez vieille histoire dont je fis les frais alors que florissait mon dix-septième printemps. J'avais assez de lecture et un peu de scepticisme, ce qui est rare plus qu'on ne le croit à cet âge ; malgré cela, ayant reçu quelqu'éducation mondaine, je savais me tenir à mon rang, c'est-à-dire sur le bord des fauteuils et sur le bord de la conversation. Je souriais bêtement, répondais par des monosyllabes et n'adressais la parole à qui que ce fût. Or, dans une soirée, un vieux bel esprit crut intelligent de me prendre pour cible. Son jeu très innocent était de m'embarrasser, de prendre des circonlocutions ingénieuses à cause de moi, avant de dire des choses sensément un peu crues, et de regarder si je rougissais comme il faut. Le bonhomme me déplaisait d'une manière radicale ; je le laissai aller cependant, je rougis consciencieusement (car la volonté a de l'influence sur ce petit phénomène), mais, tout à coup, je me sentis piqué. Alors, rejetant la belle attitude que mon éducation m'avait fournie, je me levai lentement, j'enfonçai mes mains dans mes poches, et fort irrévérencieusement, bien qu'avec la plus douce des voix : « Voyez donc là-bas, je vous prie, si par hasard je n'y serais point. » Le tableau qui suivit est indescriptible. — Excusez, madame, l'irrévérence de l'enfant pour le vieillard ; mais n'excusez pas l'irrévérence du vieillard pour l'enfant !

— Ah certes non ! Je ne crois pas que l'on ait le droit d'être désagréable à quelqu'un sous prétexte que ce quelqu'un n'a pas vécu !—L'espèce de trait de la fin que voici est de ce jeune homme.... là bas, vous voyez ? C'est un journaliste. Le mot en dit assez, il implique qu'un monsieur en habit noir d'une rédaction quelconque, très correct, lui a dit un jour : « Vous voulez être journaliste ? Votre parapluie, vos principes, essuyez-vous les pieds... la porte à gauche. »

— Et il est entré sans ses principes...?

— Et il est entré.

— Vous refaites le portrait classique, et peut-être...?

— C'est bien possible. — Ceci est du petit bonhomme jaune de là-bas. Il s'est mis sur le pied d'aimer les chiffres comme Mᵐᵉ de Sévigné s'était mise sur le pied d'aimer sa fille. Quand une jeune personne a fini de « soupirer » une romance, il lui dirait volontiers qu'il a compté tant de vibrations de ses cordes vocales. Je lui demandais un jour en riant ce qu'il entendait par un point géométrique, il me répondit que j'imaginasse une substance inétendue ; à quelque temps de là je lui demandai ce que c'est qu'une substance inétendue ; il me répondit que j'imaginasse un point géométrique. C'est un esprit exact. — Ah ! M. Duranne ! cet excellent M. Duranne, voyez quel joli dessin ! (Et Mᵐᵉ Sterne me désignait une grande ombre noire, placée entre une lampe et nous, qui faisait des « ronds de bras » en expliquant la pose d'une statue). C'est un vrai « bohême » celui-là ! L'habit que vous lui voyez est le seul qu'il possède de présentable. Il le porte d'ailleurs fort bien et, dès qu'il en est couvert, il se colore d'une emphase extraordinaire, elle lui tient lieu de fonds sur l'Etat Il y a des gens qui traversent la vie sans un sou avec l'attitude d'Alphonse dans le jardin des rois Maures. — Ceci est d'un original, d'un chercheur de choses ingénieuses, de pensées rares. Il ne veut dire que ce que lui seul peut dire. Le soin qu'il y met fait que les occasions très peu fréquentes qu'il aurait de parler passent, et il lui reste tout juste à donner le bonjour et le bonsoir. On le prend pour un être nul et on le lui fait savoir devant tout le monde en lui disant : « Mais vous ne dites rien ? » — Etes-vous de mon avis, M. Diaz? Je n'aime point le système de M'... qui consiste à gratifier le propriétaire d'un caractère, d'un type physique consacré, sous prétexte de vérité; outre que c'est là le triomphe de la banalité, ce qui est la pire chose de toutes, c'est bien rarement celui de l'exactitude. Ainsi un notaire n'est pas forcément un homme à lunettes, un hôtelier n'a pas nécessairement un ventre en forme de tonne. Un jaloux est-il classiquement couleur olive ou du moins blanc-jaunâtre, jamais rouge et très rarement brun? Regardez là-bas, entre deux plantes vertes ce jeune homme, c'est lui qui a signé ce mot aimable, a-t-il le type classique? Cependant il est jaloux. Oh! ce n'est pas qu'il se soit jamais découvert! il n'est pas de ces jaloux exubérants qui font des compliments aux gens, de façon à leur montrer qu'ils rient en dedans ; loin de là ! Il est toujours gracieux...

— Alors, comment avez-vous percé le mystère de son cœur ? comment pouvez-vous dire qu'il est jaloux ?

— Mais... je le sens. — Ceci est la dernière strophe d'une ode sur les bienfaits du sucre. Elle est d'un jeune homme dont on dit : « il a des dispositions poétiques ». Pendant quelques années ce fut un petit prodige, ses reins pliaient au retour des distributions de prix et aux anniversaires il faisait quelque chose pour tout le monde. C'était en général une fable de La Fontaine retournée. Maintenant, comme vous voyez, il écrit des odes sur les produits coloniaux dans un style analogue à colui du *Mérite des femmes* de M. Legouvé. Il en a même publié ! Désespérant de voir une revue ouvrir ses colonnes à ses vers et disant d'ailleurs que les journaux d'à présent ignorent ce qu'est la bonne poésie ; il s'est abouché avec un individu qui publie tous les ans des volumes ainsi que les sociétés académiques ; et il a eu, moyennant une quarantaine de francs, la valeur de 50 centimes d'imprimés et trois rayons de gloire. Il poursuit un

but, un but élevé : c'est la décentralisation littéraire (car il n'habite point Paris).—Etes-vous
graphologue? que dites-vous de cette signature ?

— Ce doit être celle d'un homme à l'esprit
étroit.

— Vous avez à peu près raison, c'est celle
du blondasse qui s'accoude sur la cheminée.
Esprit lourd mais pénétré de l'idée qu'il faut
creuser pour faire un trou. Une espèce de taupe
fouisseuse qui, tous les jours, fait un travail
réglé d'avance, ayant constamment devant les
yeux cette unique idée : « Dans trois ans je
verrai cette annonce à la 4° page de la *Théière
des familles*, journal de ma ville natale :
ÉTUDE de M° ZÉPHIR, docteur en droit.
30 hectares de luzerne à vendre par adjudi-
cation. » Il a pris l'attitude de l'étudiant théorique se servant de termes trop techniques...

Un bruit de voix animées interrompit
Mme Sterne et ces lambeaux de phrases nous ar-
rivèrent d'un groupe de femmes en toilettes
claires et d'habits noirs guindés : « Mozart,
oh Mozart ! » « Donizetti, c'est du Rossini dé-
layé. » « Ma chère, cela tient très bien dans les
cheveux et cela fait très bien au teint. »
« Que dites-vous de Gounod ? » « Ah ! vous
avez lu ces Russes ! ce Dostoïevski ! »

— Le grand jeune homme qui a lu Dostoïevski,

me dit M^mo Sterne, peut vous représenter le type
du jeune homme « ayant du monde ». L'aisance
consistant à se laver les mains dans le verre de
sa voisine, s'avachir sur les sophas comme si
l'on voulait passer au travers est aussi du
meilleur genre. Vous voyez s'il y manque!
Il pense attirer l'attention des gens en adoptant
la mode. Ce n'est pourtant pas autre chose
que la convention d'une livrée. La suivre c'est
s'enrégimenter et profiter du bel effort d'imagination... du tailleur. Prenez un goujat balayeur
de basse-cour, étriquez-le avec un vêtement col-
lant, servez-lui tous les matins quelques nouvelles
à apprendre par cœur et le scandale de la veille,
lâchez-le, il est muni de ce dont il aura besoin,
tant au cercle que dans un salon, pour faire figure et s'appeler : un jeune homme du monde.
— A côté de ce grand sot, il y a son antithèse :
M. S..., l'homme d'esprit qui veut bien s'oc-
cuper de ses habits et de son maintien. Le plus
grand nombre pensent qu'étant original on
paraît forcément tel, que l'originalité voulue du
costume est fausse et artificielle. L'erreur est
ici de ne point comprendre qu'en accordant son
vêtement et sa tournure d'esprit on essaie simplement de porter la marque de son caractère;
ce n'est point une supercherie vaniteuse. Ainsi
ce M. S..., est léger, subtil, il semble toujours

donner la réplique à quelque marquise ayant marché sur un talon rouge, c'est un gentilhomme de lettres aux mots fleurdelisés : son habit ne vous le dit-il point? Il y a un je ne sais quoi dans la moindre de ses coutures qui fait que l'ensemble est svelte, élancé.....

— Ses vêtements sont des armes parlantes?

— Oui !

Cette sentence empruntée à un philosophe contemporain, s'étalait au milieu d'une page de l'album : «Agir pour savoir, savoir pour agir. »

— Cela vient, me dit Mme Sterne, de ce qu'on appelle couramment : un garçon intelligent. C'est un beau grand gars, cheveux au vent découvrant un front bien ordonné; il y a de l'assurance dans ses yeux noirs et un peu de suffisance dans la cambrure de ses reins. Il marche vite, car il est actif et veut le paraître. Il affecte de garder le souvenir de l'action comme les forts de la halle qui ont toujours l'air prêts à enlever une barrique. Il plaît beaucoup aux femmes, ne disant rien qu'elles ne comprennent; il plaît un peu aux hommes, sachant les faire rire, en récitant quelque aventure du colonel Ramollot. Cela a pu être drôle, c'est maintenant insupportable; mais cela a le grand avantage d'être de l'esprit à la portée de tout le monde. Il a l'art de dire des choses insignifiantes en ayant l'air de faire à chaque instant d'inestimables découvertes, en sorte qu'il passe pour avoir une originalité de bon aloi. C'est son originalité à lui de n'en pas avoir. Il parle agriculture aux marchands de vin, code aux agriculteurs, hydrothérapie aux commissionnaires en jus de réglisse, si bien que chacun peut dire qu'il a appris quelque chose avec lui. Il s'amuse autant qu'un autre, mais en établissant une part pour tout, et sachant que l'on ne pardonne pas la maladresse. Quelques sarcasmes lancés à propos (il les a trouvés chez Rivarol ou chez Chamfort) indiquent à l'occasion qu'il a vécu. Il retombe toujours après cela sur une pensée réconfortante : « Enfin on est homme et il faut surmonter les impressions fâcheuses »; cela indique d'abord qu'il vit encore, ensuite qu'il est de trempe, d'énergie, bon teint. Les mamans qui ont des filles à marier se disent que ce jeune homme est plein d'avenir et de personnelles séductions... ces intéressantes volatiles en demeurent persuadées et trouvent qu'il a une manière de dire « quel joli temps ! » qui lui concilie tous les cœurs. Heureux mortel ! héros de la moyenne ! coq de basse-cour ! vrai roi du poulailler !... Ah tenez, M. Diaz, je ne puis le souffrir;

en un mot, je trouve que c'est le plus déplaisant garçon de la terre !

— Il est cependant plus heureux que beaucoup d'autres, vous l'avez dit; il a l'illusion des jouissances intellectuelles, et s'il connaissait son bonheur il répéterait cette pensée de Pascal que vous m'excuserez de savoir par cœur : « Rien ne passe pour bon que la médiocrité. C'est la pluralité qui a établi cela et qui mord quiconque s'en échappe par quelque bout que ce soit. Je ne m'y obstinerai pas; je consens qu'on m'y mette, et si je refuse d'être au bas bout, ce n'est pas parce qu'il est bas mais parce qu'il est bout; car je refuserais de même qu'on me mît au haut. C'est sortir de l'humanité que de sortir du milieu. »

— Le jeune homme qui a signé ceci est un faux par ostentation. Il est d'avis sans doute que la finesse d'esprit consiste à duper ses semblables, car il se plaît à prendre un air faux. Vous savez que Mme de Longueville n'était point fâchée que l'on rendit hommage à son esprit d'intrigue.

Un dessin nous arrêta. Gentiment campé, trompette à la bouche, poing sur la hanche, c'était un gymnaste sonnant le rappel, dessiné par un Detaille de la connaissance de Mme Sterne. Tout le monde le connaît, ce brave garçon-là, il est gymnaste : avant d'être ceci ou cela, il est

10..

gymnaste. Ses préoccupations se tournent du côté de sa « Société » et durant les heures du travail quotidien il pense avec plaisir aux petites ovations que l'on fait à lui et à ses camarades. Personne n'y manque ; en province, chacun se met aux portes et c'est comme un vent de jeunesse qui passe à travers les villes avec les petits clairons.

— Plaisantez-le, dis-je à Mme Sterne qui souriait, une plaisanterie bien faite, serait-elle injuste, a toujours sa valeur. Mais vous ne m'empêcherez pas de dire que le gymnaste me va. — Voici l'œuvre d'un personnage qui doit avoir la bouche pincée et les coudes au corps, ceci est d'un prétentieux.

—Vous l'avez dit. Cependant M. O... n'est point un prétentieux naïf qui se contente de serrer les coudes, il s'ingénie à trouver des mots fins et montrant son érudition; malheureusement ceux qu'il trouve ne sont pas fins. Il dira par exemple à un monsieur qui critique Racine : « monsieur, vous êtes un Zoïle ».Il appellera Marguerite de Waldemar« la Sémiramis du Nord ». Il professe le plus grand mépris pour les calembours, étant incapable d'en trouver un seul. Il ne néglige pas son attitude, elle est même assez complexe. Parfois des sots attrapent la tête d'un homme d'esprit ; la nature a de ces erreurs, et

quand les sots en question sont doublés d'am-
bitieux ils aident la nature : leur volonté d'avoir
une tête fait qu'ils finissent par en avoir une.
O... est de ceux-là. Il ouvre les yeux de manière
à montrer clairement qu'ils sont pétillants d'intelligence. Puis il sourit de la façon contenue
et fine qui est celle des gens d'esprit. Ses cheveux ont un arrangement simple et prétentieux :
simple parce que l'homme d'esprit est distrait
le plus souvent, prétentieux parce que voulant
arriver artificiellement à l'originalité, il n'arrive
qu'à la prétention. Il ne néglige pas le pince-
ment des lèvres et le serrement des coudes
dont vous parliez. Dans la rue, il marche à petits
pas, regardant les passants comme s'il s'éton-
nait à chaque instant, l'étonnement étant la
marque certaine chez un homme d'esprit qu'il
est à cent lieues des pavés où il marche. Regar-
dez-le saluer et surtout rendre un salut. Il prend
une certaine lenteur de corps qui revêt l'aspect
d'un empressement affecté, je serai plus claire
en disant qu'il est plus lent que nature tout en
prenant l'air de se dépêcher. Cela lui permet de
recevoir des politesses et de n'en rendre guère,
ce qui, aux yeux du badaud, est le signe certain
qu'il est un homme haut prisé. — Voici le
« souvenir » d'un garçon tout d'une pièce.
Quel être ennuyeux ! Je ne puis supporter un

homme dont je connais toute la pensée, j'entends
sur les questions de nuance. A quoi bon lui
parler? Vous savez ce qu'il va vous répondre.
Un homme que je connais à fond m'ennuie autant qu'un journal déjà lu. Pourquoi canaliser
ses pensées dès la source et ne pas les laisser
un peu se répandre? L'important est que le ruis-
seau aille à la rivière, que la rivière aille au
fleuve et le fleuve à la mer, que toutes vos pensées convergent vers vos principes; mais il importe peu comment, ou plutôt il importe que ce
soit d'une manière agréable, accidentée. Effleu-
rez les sujets, prenez-les toujours sous une face
nouvelle : autrement vous serez désespérant à
l'égal d'un traité de philosophie.

— Vous aimez les hommes à double fond?

— Eh! mon Dieu oui!

— Quelle étrange idée! Un pendu! Le joli
dessin à offrir! Qui donc...?

— Ce jeune homme, là-bas.

Mme Sterne me désignait un jeune homme
assez grand, pâle, d'un abord froid, peu sym-
pathique, avec quelque chose de cet air à la
Byron que l'on a tant mis à contribution. De
longs cheveux crépelés lui élargissaient la tête.

— M. A... Ses cheveux lui font du tort,
vous savez que Th. Gautier disait sérieusement que sa longue barbe l'avait tou-

jours empêché d'arriver à la popularité.
C'était peut-être vrai. A... n'a pas que ses
cheveux contre lui, il a son caractère. Tantôt
un sourire perpétuel s'épanouit sur ses lèvres,
tantôt il paraît gelé. Vous le voyez froid comme marbre, dans cinq minutes il éclatera de
rire, puis il retombera sur son impassibilité,
tel un clown sur ses pieds après une cul-
bute. Il ne pose pas.

— A quel espèce d'esprit rattachez-vous
cela ?

— Mon Dieu, c'est un vertébré de l'ordre
des conscients, de l'espèce des plumitifs et de
la race des drôles de corps. — Admirez la jolie
aquarelle de mon ami G. Il n'est pas ici. C'est
un bien brave garçon, il vient me conter ses
peines de temps en temps et nous rions aussi
quelquefois à deux des petitesses du cœur
humain. Vous le connaissez de nom ?

— Certes, madame, et j'aime beaucoup son
exposition de cette année. C'est un œil, comme
on dit; il sait voir. Sa petite toile surtout est
d'un impressionnisme charmant.

— N'est-ce pas ? ce petit chemin fuyant,
plein de soleil ! Et cette note de droite, la jolie
trouvaille ! Que de désagréments a déjà es-
suyés le pauvre garçon ! Le public ne se fait pas
faute de s'égayer devant ses toiles; elles le

déroutent par l'imprévu de leur exécution. Le
philistin n'a pas changé, il a toujours pour l'artiste la même haine, faite de jalousie inconsciente,
que certaines femmes du monde ont pour les
actrices. (On a la nostalgie des bravos, des ovations jusque dans les bas-fonds de l'intelligence.) Ce n'est pas le pis. Il lui a fallu subir de son
entourage mille ennuis, se dépêtrer de mille
raisons qu'on lui jetait dans les jambes. Il
avait l'air d'un malheureux moucheron tombé
dans une goutte de sirop qui s'étire misérable-
ment, en sort quelquefois, y laisse une ou deux
pattes et doit ensuite se lustrer les ailes pendant la moitié du temps qui lui reste à vivre.
Que n'est-il avocat? Que n'est-il médecin? On
a de la considération, on est heureux parmi les
grincements de dents des amputés et le dé-
lire des fous. Que n'est-il n'importe quoi?
Tout est bon, excepté l'art. L'art! étreignez
donc la réalité au lieu de rêver. Quand il a dé-
buté on n'a pas eu assez de reproches à lui
faire. Que n'avait-il fait des concessions? L'art
est un compromis entre les idées de l'artiste et
celles de la foule. Les gens qui l'ont connu à
trois ans disaient entre eux : « Vous savez bien,
le petit chose, nous l'avons connu haut comme
cela ! on en parle dans le journal, si ce n'est
pas ridicule ! » Les jeunes gens de son âge qui

ne le voient pas avec plaisir toucher à son but,
alors qu'eux sont encore en « apprentissage »
dans les Ecoles, font tout pour le vexer. Ils l'a-
bordent le lendemain d'une exposition qu'ils
ont vue et où il a des toiles, lui parlent de la
pluie et du beau temps et ne font pas mention
de l'événement, quand d'ordinaire ils remar-
quent ses chapeaux neufs et la nuance de ses
gants. Deux vrais amis tout au plus disent ce
qu'il faut dire. Oh ! ce cœur, cet excellent petit
cœur humain ! Lui s'amuse à voir toutes ces
haines enfantines ; mais elles l'attristent aussi
quelquefois. — Ceci est le portrait de mon jeune
jardinier par une mienne amie, vous êtes invité
à le trouver très bien. Que dites-vous de l'arrosoir ?

— L'arrosoir fait le mieux du monde ; il est
d'un vert...

— Vous êtes moqueur, M. Diaz. Enfin, vous
voyez ici un produit de cette fameuse éducation
civique dont on parle tant. Education civique ! ce mot-là me donne des crispations
nerveuses. Pour ceux qui désespèrent de la bête
humaine, ne rêvent que l'allongement de ses
griffes et les transformations de son instinct de
tout casser, la chose ne manque point de séduc-
tion ! Pensez donc, un peuple soldat ! Tous nos
enfants ayant un cœur de soldat à douze ans !

On se sent passer un refrain de Déroulède dans
la tête en y songeant. Mais allez au fond. Il y
avait encore un âge où il était loisible de rire
en montrant ses dents ; on faisait la petite
guerre avec des éclats de bois et l'on s'amusait
bien à faire le mort ; car évidemment ce ne peut
être que pour rire, la guerre. On mettait les ba-
tailles dont parlent les livres avec les contes
de la Mère l'Oie, de l'Ogre et du Chaperon
Rouge. Eh bien ! un jour l'école s'est changée
en petite caserne, on a dit aux enfants : « une,
deux » comme aux soldats ; un intelligent personnage leur a conté dans une distribution de récompenses que plus tard ils mettraient une balle
dans leur fusil et que cette balle tuerait un
homme. Tuer un homme ! L'enfant est devenu
songeur. L'idée de tuer s'est présentée à lui, non
aussi horrible qu'elle est, mais bien laide pourtant. De ce jour-là il s'est senti je ne sais quoi
de sérieux. Il avait donc un rôle ! On le tenait
donc pour quelque chose ? Alors un sentiment
nouveau est venu s'ajouter à son sérieux : la
fanfaronnade. Pauvre petit *miles gloriosus !*
Tout cela a pris la place de la gaîté et de la naïveté de son cœur !

— Mais...

— Ne me dites pas que c'est au nom du patriotisme qu'on l'a mis à cette éducation civique !

Je rirais trop! Il grandit, le pauvre petit, à 15 ans il est batailleur; la demi-discipline qu'il a connue, loin de lui avoir appris à se contenter de son sort, à remplir sa tâche de subordonné, lui a donné un orgueil bête de soldat manqué. Cela est aussi vrai pour les enfants qui reçoivent l'éducation primaire des villes que pour ceux des campagnes. Ceux du village ajoutent bientôt à leur forfanterie l'astuce et la fausseté du paysan; c'est ce qu'a fait mon petit jardinier. Ceux de la ville y joignent une certaine canaillerie qui n'est guère plaisante, croyez-le.

. . . .

. . . .

— Je ne suis point loquace, j'aime à laisser parler les autres. Lorsque les gens avec qui je cause expriment ma pensée, je n'ai rien à répliquer; quand ils ne sont pas tout à fait de mon avis, je goûte si médiocrement la discussion que je préfère encore bien souvent les laisser dire.

FIN.

TABLE

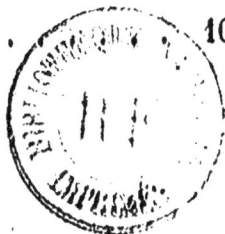

Paris-Imp. PAUL DUPONT, 41 rue Jean-Jacques-Rousseau — 1838.5.87 R

10...